상식으로 꼭 알아야 할 클래식 50

상식으로 꼭 알아야 할

클래식50

CLASSIC
50

나카가와 유스케 지음
박시진 옮김

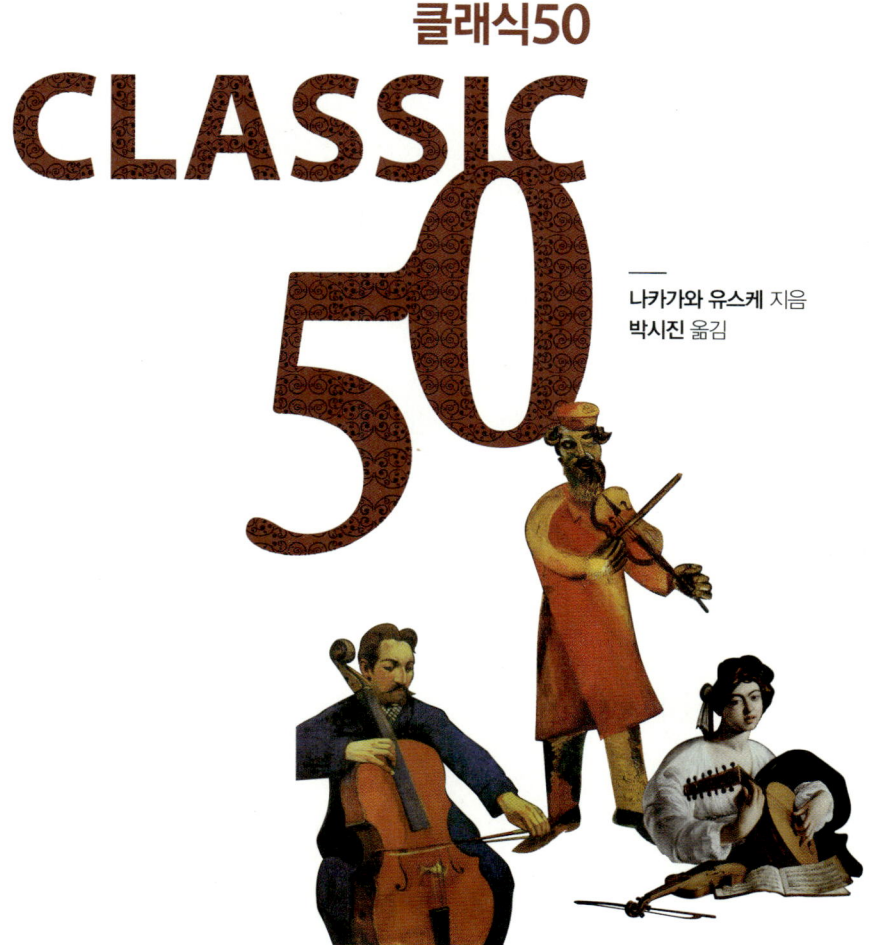

(주)삼양미디어

생활 속에 넘쳐나는 클래식을 맘껏 즐기자

팝과 드라마에 흐르는 클래식 물결

19세의 신인 여성가수, 히라하라 아야카가 부른 「Jupiter」의 히트는 2004년 전반기에 J-POP계의 큰 이슈로 떠올랐다. 이 노래의 원곡은 클래식 작곡가인 홀스트Gustav Holst의 모음곡 「혹성」 중에 하나인 「목성(주피터)」이다. 그래서 작곡가 이름이 홀스트라고 표기되어 있다. 이 곡의 멜로디는 태양계 최대의 혹성인 목성의 이미지를 표현한 만큼 웅대한 것이 특징이다.

원래는 오케스트라를 위한 곡이었기 때문에 저음부터 고음까지 음역이 상당히 넓은데, 히라하라 아야카는 폭넓은 음역을 꽤나 잘 표현했다. 여담이지만 어느 레코드점에서는 그녀의 CD와 카라얀이 지휘하고 빈 필하모니 관현악단이 연주한 「혹성」을 세트로 판매하기도 했다.

서양음악은 처음에 노래에서 시작했다. 그러다가 노래의 반주에 그치지 않고 마침내 기악만의 곡이 만들어졌다. 오케스트라도 처음에는 오페라극장에서 반주를 하던 악단이 독립한 것이며 교향곡은 오페라의 서곡이 발전한 것이다. 다시 말하자면 밑바탕에 깔려 있는 것은 "노래"라는 말이다. 그러므로 원래는 오케스트라를 위한 곡이더라도 거기에 시를 붙이면 훌륭한 노래가 될 수 있다.

최근의 노래는 리듬과 코드 진행이 복잡해져 외우지도 못하겠고 노래하기도 힘들다는 소리가 나오고 있는데, 그런 한계를 극복하려면 클래식에 귀를 기울이는 것도 좋은 방법이 될 수 있을 것 같다.

무엇보다 클래식은 명곡의 보물창고이다. 400년 가까운 역사 속에서 살아남은 곡들은 지금도 명곡으로서 널리 연주되고 있다. 록이나 재즈, 혹은 J-POP도 이미 수십 년의 역사를 가지고 있기 때문에 명곡, 스탠다드 넘버(standard number, 어느 시대에도 뿌리 깊은 인기를 얻는 곡)라고 불리는 곡이 많이 있지만 클래식은 수백 년이라는 시간을 넘어 오늘날에도 꾸준한 사랑을 받고 있다.

또한 SMAP의 멤버 나카이 마사히로는 TV드라마 「모래그릇」에서 클래식 피아니스트 작곡가를 연기했다. 제1회 콘서트 장면에서 그가 심각한 얼굴로 연주한 곡이 바로 차이코프스키의 피아노협주곡 제1번이다. 그러고 보니 키무라 타쿠야도 꽤 오래 전에 방영된 드라마지만 「롱 버케이션Long Vacation」에서 피아니스트 역을 연기했다. 그 드라마에서 키무라가 연기한 청년이 추앙하는 피아니스트로 글렌 굴드Glenn Gould가 등장하자 그의 CD가 갑자기 팔리기 시작했다는 이야기는 지금까지도 클래식 업계에서 회자되고 있다.

무라카미 하루키의 소설에도 클래식은 자주 등장한다. 그는 재즈 찻집을 경영하고 있는데, 그의 소설에는 의외로 클래식이 많이 나온다. 최신작 「해변의 카프카」에서도 베토벤의 「대공」은 중요한 역할을 하고 있다.

코믹계로 눈을 돌려봐도 음대생들을 주인공으로 한, 클래식음악 코메디인 「노다메 칸다빌레(니노미야 토모코)」가 크게 히트했다.

또한 얼마 전에는 내가 편집장으로 있는 잡지 「클래식 저널」의 편집부로 휴대전화 콘텐츠 제작회사로부터 제휴 제의가 들어왔다. 클래식을 "컬러링"으로 제공하기로 했는데 제휴를 맺고 싶다는 것이었다. 담당 청년은 "클래식에 대해서는 전혀 몰라요. 공부 좀 해야 겠죠?"라고 말하며 어색하게 웃었다.

지금까지의 이야기를 통해서 우리는 다음과 같은 사실을 알 수가 있다.

우선 자기가 좋아하는지, 싫어하는지에 관계없이 생활 여기저기에 클래식이 있다는 것이다. 애인과 보러간 영화 속에서 사용되기도 하고, 다니는 치과병원에서 흘러나오기도 한다. 슈퍼에서도, 찻집에서도 클래식을 배경음악으로 틀어놓은 곳이 많다. 또는 휴대전화 콘텐츠 제작회사의 청년처럼 업무상 접하는 경우도 있을 것이다.

그런데 다른 장르의 음악, 예를 들면 록이나 팝이나 트로트는 여간해서는 따로 공부를 해야겠다는 생각은 들지 않는다. 대부분의 사람들은 좋아하는 음악 장르가 생기면 좀 더 여러 가지 곡을 듣고 싶어 하고, 자세히 알고 싶다는 생각에 자발적으로 CD를 사거나 책을 읽기도 한다. 또는 그 방면에 지식이 있는 사람과 이야기하거나 팬 사이트를 방문하여 정보를 얻는다. 그것들은 취미라고 하면 취미일 수 있는데, 솔직히 취미라고 할 것까지도 없을지도 모른다. 아주 자연스러운 행동이기 때문이다.

음악을 즐긴다는 점에서는 베토벤이 작곡한 곡이든, 하마사키 아유미(일본의 대표적인 여성 팝가수)가 부른 노래든, 도라에몽의 주제가이든 어느 것을 들어도 마찬가지다. 원하는 때 원하는 곡을 들으면 되는 것이다. 그래서 하마사키 아유미나 도라에몽 주제가의 입문서 따위는 필요하지 않는 것이다. 하지만 사람들은 클래식만큼은 입문서가 필요하다고 여긴다. 클래식이 어려운 음악 장르이기 때문에 공부하고 나서 듣지 않으면 들어도 모른다고 생각하기 때문이다.

어려움 없이 즐기기 위해

클래식도 팝과 마찬가지로 간단한데 다들 어렵게 생각하는 경향이 있다. 왜 유독 클래식만 난해하다, 따분하다는 이미지를 갖고 있을까? 그 대답은 클래식과 처음 만나는 곳이 공부하는 곳, 다시 말해 학교이기 때문이다.

대부분의 학생들이 미분·적분 때문에 수학을 싫어하게 되는 것처럼 클래식도 음악 수업 때 강제로 듣기 때문에 싫어하게 되는 것이다.

사실 음악이라는 것이 듣고 싶지 않은데 강제로 듣는 경우는 거의 없다. 비즈니스상 노래방에 가서 클라이언트의 노래를 듣는 경우를 제외하고는 말이다. 그런데 유독 클래식만이 중학교 3년 동안, 사람에 따라서는 초등학교 때부터 고등학교 때까지 강제로 듣게 된다.

하지만 음악 수업이 싫었다고 해서 클래식까지 싫어하는 것은 안타까운 일이다. 뭐니 뭐니 해도 클래식은 수백 년의 역사를 지닌 명곡의 보고이다. 게다가 미국과 유럽의 소설이나 영화를 이해하는 데도 클래식에 대한 지식은 사실상 빼놓을 수 없다. 비즈니스나 연애를 할 때 실용성 면에서도, 그리고 기초 교양으로서도 클래식음악에 대한 대략적인 지식을 갖추고 있는 것이 좋은 것이다.

그런데 그 대략적인 지식이란 것이 사실은 골치 아픈 것이다. 세상에는 클래식 입문서가 많이 있지만 그 책들을 보다 보면 느닷없이 운명의 도단조라든지, 소나타 형식이라든지 하는 전문용어와 낯선 외국인의 이름을 맞닥뜨리게 된다. 왜냐하면 이런 책은 입문서라고 하면서도 기본적인 지식이 있는 사람이 읽는다는 전제 하에 만들어지기 때문이다. 그렇다고 해서 어린이용 입문서를 읽기에는 너무나 수준이 낮다.

이 책은 클래식음악 이외의 장르에 대해서는 충분히 알고 있고, 굳이 음악 전문가가 되려는 것은 아닌데 클래식의 전체적인 그림에 대해서 알고 어떻게 클래식을 들으면 좋은 것인지 알고 싶은 사람을 위해서 기획하게 되었다.

　나도 중학교 때는 음악 수업이 싫었다. 성적도 나빴기 때문에 고등학교에서도 음악이라면 고개를 저었다. 그러다가 미술을 선택하게 되었고 대학은 문학부에 진학했다. 어린 시절에도 피아노조차 배운 적이 없기 때문에 음악에 관한 전문교육은 전혀 받지 않은 상태다. 하지만 그런 내가 쓴 책이기 때문에 의외로 초보자가 쉽게 읽을 수 있지 않을까 생각한다.

　사실 음악 전문용어는 잘 모르기 때문에 거의 사용하지 않았다. 전문용어를 꼭 사용해야 할 경우에는 내가 이해할 수 있는 단어로 뜻을 확인한 후 사용했다.

누가 연주한 CD를 들을 것인가

　클래식의 경우에는 명곡과 함께 음반도 소개해야 한다. 명곡 「Let it be」는 비틀즈가 연주한 음반 이외에 "명음반"이 있을 수가 없지만 클래식은 같은 곡을 연주한 음반이 여러 개 있다. 예를 들면 베토벤의 「운명」만 해도 실제로 수백 개의 CD가 있다. 그 가운데서 "어느 오케스트라, 어느 지휘자의 연주가 좋을까" 하는 물음에 답하려면 그것만으로도 책 한 권이 나올 정도로 "긴 이야기"가 되어 버린다. 또한 그런 점이 클래식은 문턱이 높다는 말의 이유가 되기도 한다.

　그런데 작곡가와 명곡의 제목을 외우는 데만도 힘이 드는 입문자에게 연주자까지 외우라는 것은 상당히 가혹한 요구라고 생각한다. 그래서 이 책에서는 어느 CD(누구의 연주)가 좋은가에 대해서는 단순하게 언급했다.

　교향곡과 협주곡 등 오케스트라가 연주한 곡은 기본적으로는 카라얀 지휘, 베를린 필하모니 관현악단 연주의 음반을 듣는 것을 기본으로 한다. 그 이유는 카라얀(1908~1989년)만큼 많은 곡을 녹음한 지휘자가 없기 때문이다. 그는 대부분의 명곡을 녹음했다. 그리고 세계에서 가장 유명하며 가장 레코드를 많이 판 사람이기도 하다. 그는 전 세계에서 인정을 받고 있는 것이다. 그러므로 카라얀의 음반이 있다면 망설이지 말고 듣는 것이 좋다.

물론 카라얀이 녹음하지 않는 곡도 있는데 그런 곡들은 다른 음반을 소개하였다. 또한 곡에 따라서는 비교해서 들을 만한 다른 음반도 소개하였다.

하지만 그에 대해 하나 알아 두어야 할 것이 있다. 카라얀은 클래식 "통"을 자임하는 사람들로부터 바보 취급을 받고 있다. 카라얀을 부정하는 데서부터 클래식의 진정한 길이 시작된다고 해도 좋다. 그러나 부정을 할 때 하더라도 일단 들어봐야지 그렇지 않으면 아무것도 시작할 수 없다. 그런 의미에서 보면 이 책에서 소개한 "명곡"도 "통"이라 일컫는 사람들은 듣지 않은 곡이 많을 것이다.

여기까지 읽고 벌써부터 싫어진 사람이 있을지도 모르겠다. 나도 클래식이 폐쇄적인 장르이고 초보자를 쉽게 접근하지 못하게 하는 면이 있다는 사실을 부정하진 않는다. 하지만 그런 점은 어떤 취미를 살펴봐도 마찬가지다.

그렇다고 지레 겁먹을 필요도 없다. 클래식 "통"인 사람들과 친해지지 않아도 클래식을 들을 수 있기 때문이다. 음악 그 자체는 레코드 매장에 가면 맘대로 살 수 있으니, 남은 일은 CD플레이어에 올려놓는 일뿐이다.

어찌되었든 학교 덕분에 싫어져 버린 클래식음악이라는 인류의 유산을 마음껏 즐기기 바란다. 그것을 모른 채 인생을 살기에는 클래식은 너무나도 아까운 예술이다.

나카가와 유스케

CLASSIC 07

우리를 즐겁게 하는
에피소드로 가득한 명곡

01

꼭 들어 두어야 할 명곡 중의 명곡

모든 명곡집에 빠짐없이 들어가는 곡 가운데서 10곡을 골랐다.

살아가면서 꼭 알아 두어야 할 명곡으로 이 곡들만 알아 두어도

음악사의 흐름을 대강은 파악할 수 있을 것이다.

이 곡들은 다른 곡을 감상할 때 더 깊은 이해를 하도록 도와줄 것이다.

베토벤

운명 (1808년)

루드비히 반 베토벤(1770~1827년)
독일의 고전파 3대 거장 중의 한 사람으로 낭만파 음악의 선구자이다. 말년에는 청력을 잃었으면서도 작곡을 멈추지 않았다. 교향곡과 피아노소나타, 현악 4중주곡, 피아노협주곡 등 다수의 작품을 남겼다.

이름을 잘 붙여 단박에 유명 곡이 되다

"빠바바밤!!"하는 문구를 듣기만 해도 대부분의 사람들이 멜로디를 떠올릴 수 있는 곡, 그것이 바로 교향곡「운명」이다.

"중후장대하다"는 말이 있는데 이 곡이 바로 그러한 이미지를 갖고 있다. 한편으로는 "이것이 바로 클래식이란 거야. 어때, 항복이지?"라며 으스대는 것 같기도 하다. 이 곡의 첫 부분을 들으면 자기도 모르게 베토벤에게 무릎을 꿇는 사람이 있는가 하면 "이게 뭐야" 하는 반응을 보이는 사람도 있다. 만약 "빠바바밤!!"에 거부 반응을 느꼈다면 그 사람은 클래식과는 인연이 없는 인생을 보내게 될 것이다.

그러나 그런 사람도 앞부분만은 어디선가 틀림없이 들어 봤을 것이다. 이 "빠바바밤!!"이「운명」의 첫 부분이라는 사실은 일단 우리나라 사람들 사이에서는 공통 상식으로 자리잡고 있는 것이다. 그런데 이 곡을 「운명」이라고 알고 있는 사람들은 사실 몇몇 국가의 사람들뿐이다. 베토벤의 고국인 독일에서도, 미국 및 유럽의 여러 국가에서도 이 곡을 「운명」이라고 부르는 사람은 아무도 없다. 그냥 「C단조 교향곡」이라고만 한다. 애당초 베토벤 본인이 그렇게 곡명을 붙이지 않았기 때문이다.

미국의 유명 팝아티스트 앤디 워홀이 베토벤을 묘사한 작품이다.

　　몇몇 국가에서 이 곡을 「운명」이라고 부르게 된 이유는 곡 첫머리의 "빠바바밤!!"에 대하여 베토벤이 제자에게 "운명은 이렇게 문을 두드린다"고 말했던 일화에서 기인한다. 사실 베토벤이 했던 말은 이뿐이다. 게다가 일화 자체도 사실인지 아닌지 분명하지 않다.

운명이 문을 두드릴 때 새로운 시대가 시작되었다

　　「운명」은 여러 가지 관점에서 봤을 때 중심에 위치하고 있는 곡이다. 먼저 베토벤은 교향곡을 9개 작곡했는데 이 곡은 그 한 가운데인 5번째 작품이다. 완성한 때는 1808년으로 베토벤의 나이 37세 때이다. 그가 사망한 나이가 58세이므로 「운명」은 음악가로서 그의 인생의 반환점이 되는 작품이다.

　　더욱이 베토벤은 클래식 음악사의 중심에 위치하는 인물이다. 서양 음악의 기원을 몇 년으로 할 것인가에 대해서는 여러 가지 주장이 있지만, 지금부터 400여 년 전인 1600년 전후라고 생각하면 된다. 그리고 그때부터 200년 정도 지난 시대가 바로 베토벤의 시대였다.

　　베토벤은 1770년에 독일의 본에서 태어났다. 할아버지는 궁정에서 근무하는 악장이었고 아버지는 궁정의 가수였다 이러한 집안 내력을 가진 그는 태어나면서부터 음악가일 수밖에 없었다. 게다가 그는 7살에 피아노 콘서트를 열 정도로 신동이었다. 베토벤은 성인이 된 후 빈으로 가서 처음에는 하이든에게 사사를 받았지만 스승에게서 부족함을 느끼게 된다. 완전히 스승을 초월한 것이었다.

　　이 시대는 미국이 독립을 하고 프랑스가 혁명으로 근대의 장막을 열어젖히고 있는 시대였다. 그리고 음악에서도 베토벤에 의해 혁명이 일어난다.

그것은 어떠한 혁명일까? 베토벤 이전(예를 들면 하이든이나 모차르트)의 음악에는 없고 베토벤 음악에는 있는 것, 그것은 "사상"이었다.

그때까지의 음악은 교회와 궁정, 귀족의 의뢰를 받아 작곡된 곡이 대부분이었다. 모차르트의 음악을 들으면 소화가 잘 된다고 하는 말이 있는데, 그도 그럴 것이 그의 곡들은 귀족들의 만찬회 배경음악으로 만들어진 곡이 많았다. 모차르트에게 의학적 지식이 얼마나 있었는지는 모르겠지만 그가 식사에 방해가 되지 않는, 차분하고 기분 좋은 음악을 만들어 연주한 것만은 분명하다.

그런데 「운명」은 배경음악으로 사용하지 않는다. 시작하면서부터 식사할 상황을 만들어 주지 않기 때문이다. 베토벤은 도대체 무엇

베토벤이 말년에 살았던 집에 남아 있는 그가 쓰던 피아노이다.

을 위해 이런 곡을 만들었을까?

베토벤 이전의 모차르트나 하이든, 바흐는 기본적으로 음악적 재능을 교회와 궁정, 귀족에게 인정받고 그 기술을 조금씩 내다 판 것에 지나지 않았다. 예술가로서 경제적으로 자립을 하지 못한 것이다. 나아가서는 음악으로 자신의 감정과 사상을 표현한다는 개념 자체가 없었다.

프랑스혁명 이후 시민 계급이 등장하면서부터 사람들은 교회와 귀족의 저택이 아닌 거리의 콘서트홀에서 음악을 들을 수있게 되었다. 베토벤은 그 시대에 선구자로 등장한 것이었다.

새 시대의 막이 열렸음을 알린 곡이 바로 「운명」이었다. "빠바바밤" 하고 울려 퍼지면서 새로운 시대가 시작된 것이었다.

이 곡은 누군가에게 의뢰를 받아 만들지 않고 작곡가가 자신의 내적인 감정과 사상을 표현하면서 "나는 이런 생각을 하고 있습니다, 여러분은 어떻게 생각하시죠?"라는 질문을 던지기 위한 곡이었다. 교회음악, 궁정음악 혹은 오페라라는 극장음악밖에 없었던 시대에 베토벤은 "음악"을 음악으로서 감상하기 위한 작품을 만들어 낸 것이었다.

「운명」에 대해 기본적으로 알아야 할 것들

그렇다면 「운명」은 어떤 곡일까? 제목이 운명임을 전제로 하여 설명을 해보자.

제1악장은 "빠바바밤"으로 시작하며, 뒤에도 그 멜로디가 몇 번이나 되풀이되면서 성난 파도처럼 음악이 진행되어 나간다. 마치 제트코스터를 탄 것 같은 느낌이 든다.

그것이 끝나면 제2악장은 여유로운 곡으로 바뀐다. 제1악장에서 운명과의 다툼이 너무나도 굉장했기 때문에 잠깐 쉬자는 느낌이다.

애인 또는 가족과 갖는 휴식의 한때일지도 모른다. 그러나 가혹한 운명은 남성에게 긴 휴가를 주지 않는다. 제3악장에서는 드디어 결전의 때가 다가옴을 예감하게 한다.

콘서트에서는 하나의 악장이 끝날 때마다 지휘자와 오케스트라도 잠깐 쉬고 관객도 휴식을 취한다. 그런데 이 「운명」은 제3악장에서 제4악장까지 휴식 없이 계속된다. 이것은 그 당시 음악의 기술적인 면에 있어서 베토벤이 만들어 낸 획기적인 것이었다.

제3악장은 폭풍 전야의 고요함을 표현하듯 점점 조용해진다. 그러다가 상당히 긴장된 분위기로 바뀌면서 어느 한순간 갑자기 대폭발을 일으킨다. 이것이 바로 제4악장의 시작이다. 사람들은 이 순간 싸움이 승리로 끝났음을 안다. 이제 남은 일은 "이겼다, 이겼어!"라며 함성을 지르는 일이다. 그리고 어떻게 이겼는지를 설명하기 위해 제3악장 마지막 부분부터 멜로디가 반복되다가 또다시 대폭발을 일으킨다.

이 곡은 운명을 주제로 한 교향곡이 아니라는 것을 알고 있더라도 막상 들으면 "운명과의 싸움"을 그린 곡으로밖에 들리지 않는다.

이 곡을 「운명」으로 알고 있는 것은 몇 개 국가 사람들뿐이지만 어쩌면 이는 대단히 행복한 일일 수 있다. 이 제목 덕분에 독일인 이상으로 이 곡을 이해할 수 있게 되었으니 말이다.

원래 교향곡이라는 장르는 구체적인 사실이나 사물을 표현하기 위한 곡이 아니다. 그러나 클래식음악에 익숙하지 않은 사람들은 사실이나 사물을 표현한 것이라고 생각하지 않으면 들어도 감동을 받지 못했다. 그렇기 때문에 클래식을 이해하기 위해서는 마음으로 듣는 것이 아니라 머리로 들어야 했다. 즉, 지식과 이론을 모르면 감동할 수도 없었던 것이다.

그래서 이 곡은 "운명이 문을 두드리고 있는 그곳에서 갖가지

베토벤은 1827년에 죽었으며 그의 장례식에는 2만여 명에 이르는 조문객들이 모여 그의 죽음을 슬퍼하였다.

푸르트벵글러(1886~1954년)
독일의 지휘자로 독일과 오
스트리아 음악의 정신을 깊
이 파악했다. 독자적인 지휘
법으로 수준 높은 예술을 창
출한 20세기 최고의 지휘자
가운데 한 사람이다.

고뇌와 갈등이 생기고 전개되다가 마지막에는 승리로 끝나는 곡이다"
라는 설명과 함께 베토벤 자신의 비극적인 운명, 즉 귀가 멀어 고뇌하
다가 그것을 뛰어넘은 사실이 중첩될 때 비로소 감동을 느낄 수 있는 것
이다.

명곡 중의 명곡인 만큼 음반의 종류는 셀 수도 없이 많다. **푸르
트벵글러**라는, 20세기 전반에 활약한 유명 지휘자의 음반이 있는데 중후
함과 장대함을 좋아하는 분들에게 추천한다. 감정이 가득 담긴 연주가
별로라고 생각하는 사람은 푸르트벵글러와는 인연이 없다고 생각해도
좋다. 반대로 그의 진흙탕 같은 세계에 빠져든 사람은 다른 지휘자의 연
주를 들으면 뭔가 부족하다고 생각할 것이다.

푸르트벵글러의 후계자였던 카라얀의 연주는 속도감을 중시했
으며 현대적이다. 최근의 연주 경향은 작곡가의 성격과 인격, 일생의 일
화와 시대 배경과 같은 정보는 협잡물로 무시하고 악보에 있는 음표를
그대로 재현해야 한다는 풍조로 흐르고 있는데 그 때문인지 요즈음은 감
정이 없는 말끔한 연주가 많다. 이것은 이것대로 신선하기는 하지만 어
딘가 조금 부족하게 느껴질지 모른다.

슈베르트

미완성 교향곡(1822년)

프란츠 피터 슈베르트
(1797~1828년)

오스트리아 출신으로 독일 낭만파의 대표적인 작곡가이다. 가곡을 독립된 음악의 한 부분으로 끌어올린 슈베르트는 주로 빈에서 활동했으며 '가곡의 왕'이라고 불린다. 주요 작품으로 「아름다운 물방앗간의 처녀」, 「겨울 나그네」 등이 있다.

슈베르트 본인의 인생도 "미완성"이었다

LP레코드 시대에 클래식의 베스트셀러는 카라얀 지휘의 「운명」과 「미완성」이 함께 실린 레코드였다. 슈베르트는 생전에 베토벤을 존경했다고 전해지고 있는데 만약 그가 그런 구성을 본다면 그 역시 흡족해 했을 것이다.

「운명」은 4악장까지 있고 연주 시간은 25분 전후인데 반해 「미완성」은 연주 시간은 비슷하지만 2악장까지밖에 없다. 소제목대로 「미완성」인 것이다.

이 곡이 명곡으로서 일반인들에게 널리 알려지게 된 것은 1933년에 독일과 오스트리아에서 제작된 슈베르트의 생애를 그린 영화 「미완성 교향곡」 덕분이었다. 다시 말해 영화와의 제휴로 한국에서 유명해진 곡의 원조 격인 곡인 것이다. 영화에서는 백작 딸과의 슬픈 사랑 때문에 교향곡이 미완성이 되었다고 그리고 있다. 그리고 실연당한 슈베르트가 악보에 "나의 사랑이 끝나지 않듯이 이 곡 또한 끝나지 않을 것이다"라고 썼다고 표현하고 있다. 그러나 이것은 완전한 허구이다.

이 영화 덕분에 슈베르트의 「미완성의 교향곡」은 '미완성 교향곡'으로서 명곡의 대열에 들어섰다. 영화는 전쟁 발발 전에 나왔기 때문에 현재는 영향력이 별로 없지만 슈베르트의 비극적인 이미지는 지금도 사람들의 뇌리에 살아 있다. 가난뱅이에, 독신의 몸으로 31세의 젊은 나이에 죽은 그의 인생 자체가 어떤 의미에서는 미완성인 인생이라고 볼 수 있다.

모차르트나 베토벤처럼 역사에 그 이름이 남은 작곡가들은 어린 시절에 신동으로 등장한 후 나름대로의 고생과 고뇌가 있었을지언정 기본적으로 영광의 인생을 보낸 사람이 많은데 슈베르트는 다르다. 생전에는 작곡가로서 전혀 인정받지 못하고 작품을 써도 돈벌이가 되지 않아 가난했다. 화가 고흐처럼 죽고 나서 위대한 예술가로 인정받은 인물 중의 한 사람인 것이다.

너무나 유명한 「미완성 교향곡」이지만 슈베르트 생전에는 아무도 이 교향곡의 존재를 몰랐다. 이 곡은 그가 죽은 지 40년이 지난 후에야 발견되었다. 생전에 연주되었다는 기록도 없어 슈베르트 본인은 실제음으로는 들어보지 못했다는 것을 짐작할 수 있다.

발견된 악보는 교향곡이기 때문에 본래는 4악장까지 있어야 하는데 2악장까지밖에 없었다. 정말로 미완성으로 끝난 것일까? 아니면 후반부의 악보도 존재하는데 사라져 버린 것일까? 미완성이라고 했는데 그 이유는 무엇일까? 어떤 경위로 만들어졌는지도 밝혀지지 않은 이 곡은 모든 것이 의혹투성이인 곡이다.

그러나 발견된 두 악장의 완성도는 높았다. 그래서 두 악장만이라도 감상할 만하다고 하여 연주하게 되었고 그래서 「미완성」이라는 이름이 붙었다. 그후 이 이름이 정착되었고 특히 제목 달기를 좋아하는 사람들은 「미완성 교향곡」이라 부르며 즐겨 들었다(「운명」과는 달리 이 제목은 일부 국가에서뿐만이 아니라 전 세계에서 통용된다).

곡 자체도 훌륭하지만 왜 미완성인가, 하는 수수께끼를 가진데다, 작곡가 본인의 불행한 생애 등이 알려지면서 슈베르트의 「미완성 교향곡」은 명곡이 되었다.

만일 그가 70세까지 살았고 돈이나 지위, 명성, 여자 등 원하는 것은 무엇이든 손에 넣으며 살았다면 설사 이 교향곡이 죽기 직전에 작곡하기 시작했다가 그의 죽음으로 미완성이 된 작품이었어도 이렇게까

클림트의 1899년 작품으로 그는 슈베르트 외에도 빈의 낭만적인 부르주아 계급이 가장 좋아했던 작곡가들을 세련되게 묘사해 내곤 했다.

지 인기가 있지는 않았을 것이다.

실제로 말러와 브루크너는 최후의 교향곡을 작곡하는 도중에 사망하여 미완성으로 끝났지만, 그 작품들은 '미완성 교향곡'이라고는 불리지는 않는다.

이 곡은 밝지도 쾌활하지도 않다. 템포도 느리고, 멜로디는 애수를 띠고 있어 아름다운 곡임에는 틀림없지만 왠지 모르게 슬픔이 느껴지는 곡이다. 음악에 지식이 있는 사람이 이 곡을 듣는다면 곡의 전환이 훌륭하다든지, 빈 외각의 농촌 지대의 무곡 리듬을 사용했다든지 하는 것들을 주목하며 들어야 할 것이다.

또한 이 곡은 슈베르트 본인이 "이보다 더 아름다운 곡은 이제 쓸 수 없다. 여기서 그만두자"고 생각했기 때문에 다음 부분을 쓰지 않았다는 이야기가 있을 정도로 아름다운 곡이다.

짧은 생애였지만 다작으로 "가곡 왕"이 되다

슈베르트는 1797년 빈에서 태어나 1828년에 그곳에서 죽었다. 그는 영화 「아마데우스」에서 악역으로 유명해진 살리에리의 제자였던 때도 있었다. 아버지와 형이 교편을 잡았기 때문에 그 역시 학교에서 교편을 잡으며 생계를 꾸렸고 여가 시간을 이용해 작곡을 했다. 베토벤보다 27살 아래였던 그였지만 베토벤이 죽은 다음 해에 뒤를 이어 사망한다. 사인은 티푸스인데 매독이라는 설도 있다.

슈베르트는 '가곡 왕'이라는 별명을 가지고 있다. 짧은 생애를 살면서 「들장미」 등 피아노 반주가 따르는 가곡을 600여 개나 만들었다. 물론 그밖에도 여러 장르의 작품을 남겼다. 교향곡은 아홉 작품이 있었다고 하는데 악보가 남아 있는 곡은 여덟 작품뿐이다. 「미완성 교향

'슈베르티아데'는 슈베르트의 친구들이 함께 모여 슈베르트의 곡을 연주하며 감상하던 동아리이다. 이렇듯 슈베르트 주위에는 친구들이 항상 모여들곤 했다.

곡」은 1822년의 작품으로 추정되며 제8번이다. 그 후에도 또 한 곡을 남겼기 때문에(최후의 교향곡인 「미완성 교향곡」은 장대하고 웅장하다고 하여 그레 이트Great라고도 부른다) 「미완성 교향곡」이 마지막 작품은 아니다.

슈베르트 최후의 작품은 가곡집 「백조의 노래」이다. 가곡집에는 죽은 해에 쓴 14곡의 가곡이 담겨 있는데 아이러니하게도 그중에서 「백조의 노래」라는 제목의 곡은 없다. 이 제목은 "백조는 죽기 직전에 가장 아름다운 소리로 운다"는 전설을 바탕으로 출판사가 붙인 제목이기 때문이다. 하지만 이것을 계기로 작곡가뿐만 아니라 예술가들의 최후의 작품을 '백조의 노래'라고 부르게 되었다.

카라얀을 향한 비판의 목소리에는 "표면적인 아름다움뿐이다", "깊이가 없다"는 등 의견들이 분분하지만 「미완성 교향곡」처럼 전후 사정이 잘 알려져 있지 않은 곡의 경우 쓸데없는 감정을 개입하기보다는 오로지 아름다움을 추구한 연주가 적합하다고 말할 수 있다. 짧고 박복했던 작곡가의 생애를 생각하면서 들으면 그 아름다움에서 인생의 비애를 느낄 것이다.

차이코프스키
비창 (1893년)

페테르 일리치 차이코프스키
(1840~1893년)

러시아의 작곡가로 러시아 음악을 보편적 예술로 끌어올려 고전주의 음악의 완성을 이루었다. 가극 「예브게니 오네긴」, 교향곡 「비창」, 발레음악 「백조의 호수」, 「호두까기 인형」 등이 있다.

끝없는 어둠이 가슴을 울리는 명곡

「비창」이라는 명곡은 두 개가 있다. 하나는 베토벤의 피아노곡이고, 또 하나가 차이코프스키의 교향곡이다. 여기서는 후자를 소개하겠다.

사실 이 제목은 굉장한 제목이다. 그냥 슬픈 것이 아니다. 「비창」인 것이다. 개인적으로 이 곡이 "클래식은 심각한 음악이다"라는 이미지를 많은 사람들에게 심어준 것이 틀림없다고 생각한다.

"클래식에 대해 아무것도 모르면 창피하니까"라는 생각에 일단 「운명」과 「미완성 교향곡」을 들은 사람이 "자, 그럼 다음 곡은" 하면서 「비창」을 들었다고 하자. 듣다 보면 음침하고 지리멸렬해질 것이다. 게다가 작곡가인 차이코프스키가 이 곡을 초연한 직후에 급사했다는 일화를 덤으로 알게 되면 점점 암담한 기분이 든다. 그의 통곡이 들리는 듯하다.

사람에 따라서는 "뭐가 그렇게 좋다고 이런 어두운 곡을 돈을 내면서까지 들어야하지?" 하며 클래식과의 결별을 마음먹을지도 모른다. 이 곡은 그 정도로 어두운 곡이다. 그러나 어두운 장르의 음악도 있지 않은가? 전통가요도 어둡고, 팝 중에서는 발라드도 어둡다. 밝은 곡만이 음악인 것은 아니다.

그렇다고는 해도 역시 이 어둠은 역사에 남을 만한 어둠이다. 「운명」을 끝까지 들은 사람이라면 "빰!" 하고 기세 좋게 고조되어 끝난다는 것을 알 것이다. 그 정도로 야단스러운지 어떤지는 제쳐 두고서라도 피아노곡이 되었든, 교향곡이 되었든 대부분의 곡이 마지막은 드라

유리 그리고로비치가 각색한 차이코프스키의 「백조의 호수」의 드레스 리허설을 하고 있는 모습이다.

마틱하게 고조되어 큰 음으로 끝나는 법이다.

그런데 「비창」은 스러지듯 끝난다. 연주할 때는 언제 끝났는지 알 수 없게 약하고 조용하게, 연주하면서도 확실한 음을 내어 연주해야 하므로 상당한 고도의 기술이 요구된다.

이런 곡은 관객 입장에서도 어렵다. 집중해서 들어야만 한다. 「운명」과 같은 경우는 지휘자의 양팔이 높게 올라가고 오케스트라 전원이 최대의 음을 내면서, 기세 좋게 "빠밤" 하고 끝나므로 잠시 뒤에 성대한 박수를 치면 된다.

그러나 「비창」은 그렇지 않다. 울림이 남아 있는 홀에서 확실하게 마지막 음이 사라지고 지휘자가 팔을 천천히 내리고, 연주자들의 움직임도 정지되고, "후" 하고 한숨과 같은 것이 떠돌기까지는 박수를 치면 안 된다. 끝난 뒤의 침묵 또한 중요한 음인 것이다.

상식을 깼기 때문에 명곡이 되다

교향곡은 4개의 악장으로 구성되는데 마지막 제4악장을 이처럼 느리고 조용하게 마치 스러지는 것 같이 끝내는 것은 당시로서는 상식에서 벗어난 일이었다. 그러나 '상식에서 벗어남'을 의도적으로 실행하여 성공하면 획기적인 작품이 된다.

「비창」은 그러한 경우의 전형적인 예이다. 즉 「비창」의 혁신성을 이해하기 위해서는 그 이전의 "빰!" 하고 기세 좋게 끝나는 수많은 명곡들을 알 필요가 있다. 아가사 크리스티의 「아크로이드 살인사건」은 미스터리 추리소설에서의 규칙이 아슬아슬하게 위반된 작품으로, 명작이라 불리긴 하지만 태어나서 처음으로 읽는 추리소설로는 적합하지 않다.

왜냐하면 몇 권쯤 다른 추리소설을 읽고 난 뒤가 아니면 그 의외성을 이해할 수 없기 때문이다. 「비창」에도 그러한 요소가 있다. 그래서 난생 처음으로 듣는 클래식으로서는 그다지 추천하고 싶은 곡이 아니다.

「비창」은 실제로도 초연 당시 평가가 좋지 않았다고 한다. 당시의 청중은 절정도 없이, 고조되지 않고 스러지듯이 끝나는 곡에 어떻게 반응해야 좋을지를 몰랐다. 그렇다고 이 곡이 음악사에서의 위상이 어떠한지를 알아야만 감동을 느낄 수 있는 곡인 것도 아니다. 오히려 이 곡은 듣기 좋은 멜로디가 많이 담긴, 듣기 편한 곡이다. 음악사에 대한 지식이 없어도 "오호, 세상에는 이런 슬픈 음악도 있구나" 하며 소박한 놀라움을 느낄 수도 있고 감동에 젖는 것도 가능하다. 다만 모든 교향곡이

러시아의 알렉산드르 네프스키 수도원 옆에 있는 차이코프스키의 묘이다.

이런 식으로 슬플 것이라고 오해는 하지 않기를 바란다. 이 곡은 예외이니까.

　　「비창」이라는 제목은 초연 때부터 붙은 제목은 아니고 악보 출판에 맞춰 제목을 붙이려 했을 때 "비극적"과 "비창"이 제안되자 차이코프스키의 남동생이 "비창"을 고름으로써 채택되었다. 차이코프스키는 이 곡을 작곡하던 중 "이 교향곡은 생각해 둔 제목이 있는데 그것을 염두에 두고 쓰고 있다"는 편지를 지인에게 보냈지만 그 제목이 무엇이었는지는 누구에게도 밝히지 않았다. 따라서 "비창"이 처음부터 염두에 두었던 제목이었는지, 아니었는지는 알 수가 없다. 하지만 진짜 제목이 무엇이든 간에 이 곡은 제목이 "비창"이었기 때문에 비극적인 이야기를 좋아하는 우리나라 사람들의 감성을 자극하여 흔들림 없는 명곡의 지위를 얻지 않았을까 한다.

콜레라로 급사했을까, 동성애로 괴로워하며 자살했을까?

작곡가 차이코프스키는 러시아가 낳은 최대의 작곡가라고 해도 무방하다. 지리적으로도 유럽의 변방에 속하는 러시아는 음악에서도 중심이 아니었다. 서양 음악의 본고장은 독일과 이탈리아였다. 러시아 땅에 대작곡가가 탄생한 때는 독일, 이탈리아에 비해 시간적으로도 상당히 뒤처져 차이코프스키 탄생까지는 꽤 오랜 시간이 지나야만 했다.

그가 태어난 것은 베토벤이 죽은 지 13년 후의 일이다. 감정과 사상 표현을 위한 교향곡이라는 장르가 베토벤에 의해 확립된 후 러시아에서는 차이코프스키에 의해 그 장르가 발달했다.

많은 천재 작곡가와 마찬가지로 차이코프스키도 어린 시절부터 음악에 재능을 보였다. 법률학교에 진학하여 일단은 공무원이 되었지만, 그는 곧 그 일을 그만두고 음악가가 된다. 차이코프스키는 러시아의 프리 전문작곡가 제1호라 해도 좋다. 작곡한 교향곡은 여섯 곡으로「비창」은 마지막 곡인 제6번에 해당한다. 차이코프스키는 오페라도 많이 작곡했으며「백조의 호수」등의 발레곡으로 잘 알려져 있다 .

사망한 나이는 53세로 지금의 개념으로는 "한창인 나이"에 죽은 것이지만 당시로서는 일단 성공한 인생이라 봐도 좋았다. 하지만 사인에 대해서는 여전히 의혹이 남아 있다. 물론 유행하던 콜레라 때문에 죽었다고 오랫동안 전해져 오고 있고, 그런 비극적인 사연 때문에「비창」이 인기를 얻은 것은 사실이다. "작가의 비극적인 죽음 때문에 그 작품이 명작이 된다"는 예는 미시마 유키오(할복자살한 일본의 극작가), 다자이 오사무(익사한 일본의 소설가), 또는 오자키 유타가(26살에 돌연사한 일본 가

수)와 같은 일본의 예뿐만이 아닌 것이다.

그러나 최근의 연구에 의하면 차이코프스키는 동성애자였으며 그것 때문에 괴로워하다가 자살했다는 설이 유력하다. 생각해 보면, 콜레라 때문에 급사했다면 작곡하는 도중에는 본인은 그렇게 될 운명임을 몰랐을 것이 분명함으로 이 곡의 제목이 "비창"인 것이 설명이 되지 않는다. 하지만 자살 설을 염두에 두고 생각한다면 이 곡에는 동성애로 인한 차이코프스키의 고뇌와 고통이 들어 있다는 설명이 충분히 가능해진다.

하지만 다른 한편으로는 동성애가 금기시되었던 당시 만일 차이코프스키가 동성애자라는 설이 퍼지면 이 곡이 과연 명곡으로서의 지위를 얻을 수 있었을지 의문이 드는 것도 사실이다. 나아가서 차이코프스키 또한 위대한 작곡가로서 이름을 남겼을지에 대해서도 의문이 든다.

헤르베르트 폰 카라얀(1908~1989년)은 오스트리아의 지휘자로 베를린 필하모니를 35년간 지휘하였다. 대중적이고 다양한 레퍼토리로 지휘를 하였으며 세계에서 가장 많은 음반을 녹음한 지휘자 가운데 한 사람이다.

므라빈스키(1903~1988년)
러시아의 지휘자로 1938년 소비에트 지휘자 콩쿠르에서 우승하였고, 상트페테르부르크 필하모니 관현악단의 음악감독을 지냈다. 그곳에 있는 음악원에서 학생들을 가르치면서 자신이 이끄는 관현악단을 세계 정상급의 관현악단으로 발전시켰다.

카라얀은 곡이 마음에 들면 몇 번이고 녹음했는데 그중에서도 「비창」은 녹음 횟수가 가장 많은 곡이라고 한다. 카라얀은 이 곡을 베를린 필하모니 오케스트라는 물론 빈 필하모니 오케스트라와도 녹음했다. 이에 러시아는 러시아의 음악은 러시아 사람이 연주하지 않으면 안 된다는 민족주의적 입장을 고수하며 「비창」의 음반을 제작했는데 대표적인 예로 **므라빈스키**가 지휘한 음반과 레닌그라드 필하모니 오케스트라가 연주한 음반을 들 수 있다. 따라서 표준을 들으려면 카라얀의 음반을 듣고 민족주의적인 입장에 들으려면 므라빈스키의 음반을 추천한다.

드보르작

신세계 (1893년)

안토닌 레오폴드 드보르작
(1841~1904년)

체코의 작곡가로 체코 국민음악을 확립하였다. 체코 민족의 애환을 담은 독자적인 작풍(作風)을 이루었고 미국 체류 중에는 니그로나 아메리칸 인디언의 음악적 요소를 곁들인 곡을 만들었다. 교향곡 「신세계」, 가극 「루살카」, 바이올린협주곡, 첼로협주곡, 슬라브무곡집 등이 있다.

명곡을 한데 모은 명곡

이 곡의 제목이 말하는 "신세계"란 미국이다. 그렇다면 구세계는 어디일까? 바로 유럽이다. 작곡가 드보르작은 체코가 낳은 최대의 작곡가이다. 그는 1841년에 프라하 근교의 마을에서 여인숙과 정육점을 운영하는 집안의 아들로 태어났다. 음악과는 관계없는 환경에서 태어난 그였지만 어린 시절부터 음악에 재능을 보이며 여인숙 손님들을 상대로 연주를 하고는 갈채를 받았다. 드보르작의 부모는 그를 음악가로 키울 생각이 없었지만 장사에 필요한 독일어를 익히게 하기 위해 붙여준 교사가 음악가였던 관계로 드보르작은 스승을 통해 음악가로서의 길을 걸을 수 있었다.

드보르작은 처음에는 비올라 연주가로서 세상에 나왔지만 그 후 작곡가로서 인정을 받으며 지휘자로도 활약했다. 그러고는 1892년에 미국으로 건너가 뉴욕의 음악원 원장에 취임했다. 그 시절에 그는 미국 각지를 돌며 음악을 채집했다. 채집이라고는 해도 당시에는 녹음기가 없었기 때문에 그는 귀로 음악을 들은 다음에 그것을 악보에다 적었다.

이렇게 모은 "신세계"의 음악 재료를 바탕으로 작곡한 곡이 바로 「신세계 교향곡」이다. 간단히 「신세계」라고 부르는 경우가 많지만 정식 제목은 「신세계로부터」이다. 영어로는 "From the New World"라고 한다. 즉, 음악으로 표현한 구세계를 향한 신세계의 보고서라고 할 수 있겠다.

제2악장은 「꿈속의 고향Going Home」이라는 노래로도 잘 알려져 있다. "꿈속에 그려라. 그리운 고향"이라고 하면 멜로디가 떠오르는 사람도 많을 것이다. 그것이 바로 「신세계 교향곡」의 멜로디이다. 내가 다니던 중학교에서는 하교 시간이 되면 이 곡을 교내 방송을 통해 틀어주었다. 빨리 귀가하라는 의미일 것이다. 그러나 대부분의 학생들은 그 곡이 클래식 명곡의 일부임을 의식하지 못했을 것이다. 즉, 가장 많이 들으면서도 클래식이라고 인식하지 못하는 곡이 바로 「신세계」이기도 하다.

미국음악을 소재로 했다고는 하지만 이미지는 오늘날의 뉴욕이나 시카고와 같은 대도시의

짐로크 사의 상업적 기획으로 「슬라브무곡」은 큰 성공을 거두었는데 그림은 표지이다.

이미지와는 거리가 멀다. 그보다는 서부극에 나오는 황야, 아니면 영화 「바람과 함께 사라지다」에서 그린 남부 지역을 연상시키는 이미지다.

미국 대륙에 존재하고 있던 음악으로는 먼저 원주민음악이 있다. 거기에 유럽에서 사람들이 이주해 오면서 그들의 음악도 들어온다. 본래 유럽은 다양한 민족이 얽혀 사는 곳이기 때문에 각지의 음악이 들어온 셈이었다.

그뿐이 아니다. 유럽인들이 노예로 데려온 흑인들의 음악도 미 대륙에 들어왔다. 흑인음악은 서양음악과 섞여 19세기부터 20세기 초에 걸쳐 재즈로 발전했다. 요컨대 인종의 도가니인 미국은 민족음악의 도가니이기도 한 것이다. 드보르작이 미국에 있었던 시기는 재즈 음악이 탄생하기 이전의 미국이다.

「신세계 교향곡」에는 흑인음악과 원주민음악이 다수 인용되어 있어 입이 험한 사람은 "여기저기서 긁어모은 누비조각 같은 곡"이라고 평한다. 확실히 앞서 말한 「꿈속의 고향」은 흑인 성가곡의 선율이 인용

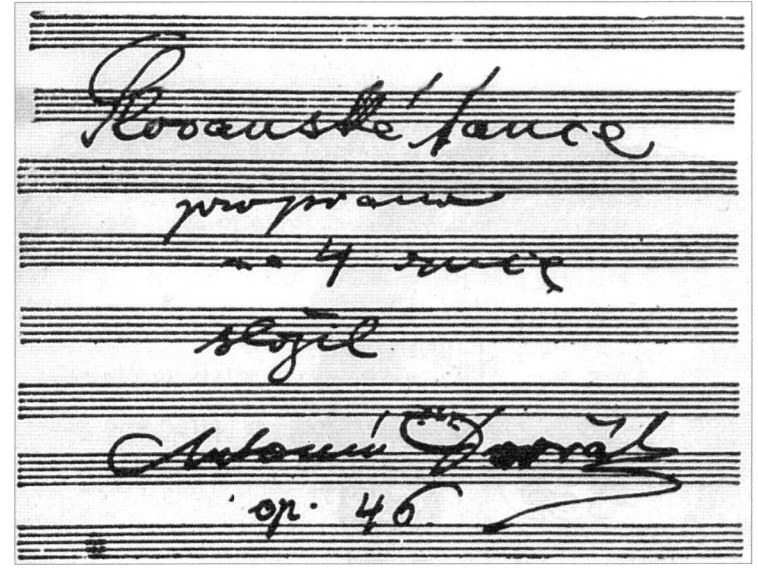

드보르작이 자필로 쓴 「슬라브 무곡」 악보의 첫 페이지이다.

되었으며 블루스 느낌도 난다. 실제로 긁어모았을지도 모르는 일이다. 그러나 그것이 「신세계 교향곡」이 명곡이 되는 결정적인 이유이다. 드보르작이 미국 각지를 돌며 좋다고 느낀 멜로디만을 모아 만들었기 때문에 이 곡은 처음부터 명곡을 집대성한 곡이 되는 것이다.

슬라브, 보헤미아, 그리고 조국에 대한 사랑

그러면 드보르작만의 순수한 느낌은 없는가 하면 당치도 않다. 흑인 성가곡과 원주민음악, 또는 유럽으로부터 들어온 이주민음악은 어디까지나 인용일 뿐, 이 곡에는 그것들을 정리하여 완성한 드보르작의 색채가 확실하게 느껴진다. 즉 "그러고 보니 블루스 같다"고 생각할지 모르지만 전체적으로 흐르고 있는 느낌은 슬라브적인 것이라는 얘기다. 이 곡은 미국을 소재로 하고 있음에도 불구하고 막상 들었을 때의 느낌은 북유럽 쪽의 색채를 강하게 띠고 있다.

드보르작은 베토벤의 영향을 받은 한편, 민족주의의 세례도 받아서 체코간의 독자적인 음악을 만들어야 한다는 사명감에 불타 있었다. 따라서 그의 음악의 저변에는 보헤미아의 풍토와 조국애가 흐르고 있음을 알고 들어야 한다.

「신세계」 제1악장은 처음부터 청취자를 흥분하게 하는, 스케일이 큰 곡으로 이루어져 있으며, 제2악장에서는 느리고 조용해지지만 제3악장은 다시 빠른 템포로 바뀐다. 그리고 제4악장의 절정에 이르러서는 대단원을 맞이한다. 그래서 곡의 줄거리 면은 「운명」을 닮았지만 듣고 난 후의 느낌은 스러지듯이 끝나는 「비창」과 닮아 있다.

멜로디라든지 리듬, 템포, 혹은 악기 사용법 등의 면에서 「신세계」는 「운명」, 「미완성 교향곡」과 같은 독일 음악과는 확연하게 다르다.

드보르작의 현악4중주를 초연
했던 1882년에 결성된 체코의
사중주단이다. 드보르작의 사위
요제프 수크와 드보르작의 제자
오스카르 네드발 등이 포함되어
있다.

게다가 드보르작과 베토벤은 100년에 가까운 시간 차도 있다. 하지만
차이코프스키와는 거의 같은 시대에 활동했으며 지리적으로도 가까운
사이였다.

　　　여기서 중학교 때 하교 시간에 들려주던 음악을 떠올려 보자.
그것을 나와 반 친구들이 클래식이라고 인식하지 않았던 이유는 「꿈속
에 그려라」는 제목의 노래를 먼저 알았기 때문이기도 하지만 "빠바바
밤"으로 시작하는 베토벤 음악과는 어딘가 다르다고 무의식중에 느꼈기
때문이다. 베토벤의 음악만이 클래식이다,라고 생각하는 사람에게는
「신세계」의 멜로디는 단순히 분위기 있는 음악 정도로 들릴 것이다. 이
는 달리 말하면 이 곡이 쉽게 가까워질 수 있는 친숙함을 갖고 있다는 말
이기도 하다.

　　　이 곡도 카라얀이 수없이 녹음한 곡들 중의 하나이다. 체코는

지리적으로도 카라얀의 고향, 오스트리아와 가깝다. 그러나 드보르작의 민족주의를 존중한다면 체코 필하모니 오케스트라의 연주가 제일이다. 지휘자로는 사회주의 정권 시대에 서방으로 망명한 쿠베릭(1914~1996년)이나, 국내에서 머물며 활약한 노이만(1920~1995년)이 우수하며 개인적으로 이들의 음반을 추천한다. 물론 두 사람의 정치적 입장의 차이가 연주에 나타나 있다면 재미있었겠지만 유감스럽게도 그런 일은 없다.

말러

거인 (1888년)

구스타프 말러(1860~1911년)
체코 보헤미아 태생의 오스트리아 작곡가이자 지휘자로 후기 낭만파를 정점으로 끌어올린 여러 편의 교향곡을 작곡하였다. 작품으로 연가곡 「방황하는 젊은이의 노래」와 「죽은 아이를 위한 노래」, 교향곡과 연가곡의 합성인 「대지의 노래」 등이 있다.

20세기 전반의 불운과 후반의 명성

초등학교 음악실에 걸려 있던 초상화 중에 말러는 있었을까? 30년 전, 내가 중학생이었을 때 말러는 없었다. 차이코프스키, 드보르작, 무소르크스키는 있었던 것으로 기억하지만 비슷한 시기에 활약했던 말러는 1960년부터 70년대 초에는 아직 "악성(음악실에 초상화가 걸린 위대한 음악가를 이르는 말)"들 틈에 끼지 못했다.

그러나 오늘날 콘서트 프로그램이나 음반 제작에서 말러는 양적으로 베토벤을 능가하는 작곡가이다. 말러의 교향곡은 번호가 붙어 있는 곡이 9번까지 있다(10번은 미완으로 끝났다). 「거인」은 제1번으로 20대 후반에 쓴 작품이다.

제목을 「거인」이라고 번역한 것은 틀리지는 않지만 특별히 거인을 묘사한 작품은 아니다. 원제는 「타이탄」으로 그리스 신화에 나오는 태양신을 말한다. 그런데 이 태양신이 거대한 체구의 신이었던 까닭에 「거인」이라는 말도 틀리다고 볼 수는 없다. 게다가 독일의 작가, 장 파울이 쓴 같은 제목의 소설에 자극을 받아 작곡을 했다는 일화도 전해지고 있다. 소설의 내용은 청년의 성장 과정을 그린 작품이라고 한다 (1800~1803년의 작품). 하지만 말러는 나중에 이 제목을 파기하고 제목이 없는 교향곡으로 발표했다.

　　「거인」은 교향곡 작곡가로서 말러의 인생의 막을 여는 기념비적인 작품이다. 말러가 활약했던 시기는 19세기 말로, 베토벤의 시대로부터 정확히 1세기 뒤이다. 그 시기에는 클림트와 에곤 실레와 같은 화

말러의 아내이자 화가 클림트의 정신적 연인이었던 알마 말러 (1879~1964년)의 모습이다. 그녀는 구스타프 말러와 사별한 뒤 두 번이나 더 결혼을 했으며 결혼 생활 중에도 많은 남자들을 만났는데 클림트는 그녀에게 결혼보다는 자유를 주며 관계를 지속했다.

가와 「꿈의 해석」을 쓴 정신분석의 창시자인 프로이드가 활약하기도 했다.

말러의 CD재킷에 클림트의 그림을 간혹 사용하는 이유는 두 사람이 같은 시대의 사람이기 때문이다. 그뿐만 아니라 이 두 사람은 말러의 아내 알마 말러를 사이에 두고 삼각관계를 형성하기도 했다. 그 덕에 그의 결혼 생활은 언제나 긴장을 늦출 수가 없었다.

또한 말러는 지휘자로 있던 가극장과도 문제를 일으킨 적이 많았는데 이러한 요인 때문에 정신상태가 상당히 불안정했다. 그는 프로이드로 하여금 정신분석을 발명하게 했던 시대 배경을 몸소 보여 주는 사람이기도 했다. 실제로 말러는 프로이드와 친분이 있어서 자신의 불안정한 정신 상태에 대해 상담했다고 한다.

말러는 오스트리아 제국의 영토였던 체코의 보헤미아에서 유태인 실업가의 아들로 태어났다. 하지만 그는 독일문화 속에서 성장했고 빈의 음악원에서 공부했으며 오페라 지휘자로서도 인정받았다. 그는 말년까지 지휘자로서 활동하였으며 연주회 시즌이 끝나면 작곡을 했다.

생전에는 작곡가로서는 좋은 평가를 받지 못했지만, 지휘자로서는 상위 그룹의 인기와 실력을 가졌고 오페라의 총본산격인 빈 궁정 오페라극장(현재의 빈 국립 오페라극장)의 음악감독을 역임하며 높은 평가를 받았다. 말하자면 오자와 세지(일본인 지휘자로, 현재 빈 국립 오페라극장의 음악감독)의 먼 선배인 셈이다.

최후의 교향곡 작곡가, 말러

작곡가로서의 말러는 하이든에서 시작하여 모차르트를 거쳐 베토벤에 의해 완성된 교향곡 정통파 중 마지막 작곡가라고 할 수 있다.

그는 더 이상의 발전은 있을 수 없다고 할 정도까지 교향곡의 수준을 끌어올렸다.

　하이든 시대에는 연주 시간이 10분 정도 길이밖에 되지 않았던 교향곡은 베토벤에 이르러서는 1시간을 넘었고 말러에 와서는 90분을 넘을 정도까지 확대되었다. 또한 규모면에 있어서도 10여 명이 연주하던 것이 150명, 거기다 합창단까지 넣으면 1,000여 명에 이르도록 양적

말러가 파리를 방문했을 때 로댕이 만든 것으로 오스트리아 빈의 국립가극장 복도에 세워져 있다.

인 발전을 이루었다. 물론 말러의 사후에도 몇 명의 작곡가가 교향곡을 썼지만 교향곡의 왕도는 말러에서 끝났다고 봐도 무방하다.

그건 그렇고, 제1번인 「거인」은 말러가 28살 때에 완성했는데 그 후에도 몇 번인가 수정을 했다. 이 곡은 어느 녹음 음반을 사용하느냐에 따라 4악장이 되기도 하고 5악장이 되기도 하는데 보통은 최종 녹음 음반을 이용하여 연주한다.

시작 부분은 거의 아무것도 들리지 않는다. "오디오가 고장이 났나" 하는 생각이 들 정도이다. 하지만 소리를 키우면 '부웅' 하는 저음이 조용히 울려 퍼지고 있음을 알 수 있다. "뭐야, 고장 난 줄 알았네" 하고 생각하며 가만히 있으면 잠시 후 갑자기 엄청나게 큰 소리로 울려 퍼지는 소리에 놀랄 수가 있으므로 주의가 필요하다. 즉, 이 곡은 음의 강약의 폭이 이루 말할 수 없이 크다.

출발은 조용한 음색으로 진행되는데 이것은 해뜨기 전을 표현하고 있다. 그러다가 마침내 꼬끼오, 하고 닭이 운다. 날이 밝은 것이다. 그 후에도 닭이 울거나 사냥 나팔이 울려 퍼지기도 하는 등 사실적인 음악이 흐른다. 마음만 먹으면 오스트리아 숲의 정경이 떠오를지도 모른다. 그러다가 쿠앙, 하며 연주가 고조되는데 "아, 드디어 시작하는구나" 하고 생각하면 다시 조용해지기도 하며 요동친다.

말러의 음악은 몰아치다가도 풀어 주고, 밀고 당기며, 올라갔다 내려오는 것이 특징이며 오로지 앞으로 전진하는 베토벤과는 많이 다르다.

제2악장은 농민의 무곡을 소재로 하였다. 다음 제3악장은 장송 행진곡이다. 3악장은 확실히 유태인적인 음악이다. 3악장이 조용히 끝나면 제4악장은 갑자기 폭발하며 대단원의 막을 내린다. 말러는 제2번 교향곡부터는 연주 시간이 1시간을 넘는 초대작 노선을 달리지만 「거인」은 연주 시간이 50분 전후이다. 따라서 이 곡은 제1번이라는 의미도 있지만 말러를 이해하기 위한 입문곡으로 적당한 작품이다.

말러가 말살된 이유, 부활한 이유

말러는 19세기 말에 활약하였고 20세기 초반에 죽는데, 그 후에 오는 시대가 바로 광기가 넘쳐나는 나치스 시대이다. 그 결과 유태인인 말러의 음악은 독일에서는 연주되지 못했다. 그 영향은 전후에도 한동안 계속되어 클래식의 본고장인 독일에서 말러의 작품은 오랫동안 연주되지 못하였다.

앞서 말한 것처럼 말러는 지휘자로서도 작곡가로서도 영예와 명성을 얻었지만 정작 본인은 가정 문제를 포함하여 불우한 생애를 살았다고 여긴 것 같다. 말러는 생전에 "머지않아 나의 시대가 올 것이다"고 말했다고 전해지는데 사후 50년이 지나 그의 시대는 정말로 왔다.

말러가 세계적으로 복권된 시기는 1960년대에 들어서고 나서이다. 같은 유태인계인 레너드 번스타인은 뉴욕 필하모니의 음악감독에 취임하면서 연달아 말러의 교향곡을 녹음하였는데 이 일을 시작으로 말러의 작품을 레코드로 제작되었고 콘서트에서도 연주되었다.

여기에는 두 가지 이유가 있다. 첫 번째로 말러의 곡은 시간적으로도 길 뿐만 아니라 연주 인원도 많아서 스테레오 녹음이 가능하게 되고 나서야 비로소 녹음을 할 수 있었고 곡의 훌륭함도 전달되었다. 그리고 또 다른 이유는 경제적인 문제 때문이었다. 그것은 당시 사후 50년이 지났기 때문에 저작권이 소멸되어 유족에게 아무런 비용을 지불하지 않아도 연주를 녹음할 수 있게 되었기 때문이었다.

CD시대가 되자 말러의 인기는 더욱 높아졌다. LP판의 경우에

레너드 번스타인(1918~1990년)은 미국의 지휘자이자 작곡가, 피아니스트이다. 지휘자로서 미국·유럽 등지를 순회하는 한편,
음악 해설가로도 명성을 떨쳤으며, 1957년에는 뉴욕 필하모니의 상임지휘자로, 이듬해에는 음악감독으로 취임하였다.

는 2장으로 구성되었던 말러의 교향곡이 CD에는 대부분 한 장에 다 담겨서 쉽게 살 수 있게 되었기 때문이었다.

　　명교향곡의 대부분을 녹음한 카라얀이지만 말러의 작품은 별로 연주하지 않았기 때문에 「거인」은 녹음판도 없다. 여기에는 카라얀이 나치 당원이었기 때문에 말러를 싫어했다는 설도 있다. 그런 까닭에 카라얀의 경쟁자이기도 한 번스타인의 연주 음반을 추천한다. 말러와 번스타인은 같은 유태계로, 작곡가이자 지휘자라는 공통점도 있어서 곡에 도취된 연주를 들을 수 있다.

모차르트

교향곡 제40번 (1788년)

볼프강 아마데우스 모차르트
(1756~1791년)

오스트리아의 작곡가로 평생 600개 이상의 곡을 작곡하였고, 빈 고전파의 양식을 확립했다. 가극 「피가로의 결혼」, 「돈 조반니」, 「마술피리」 외에 많은 교향곡, 협주곡, 실내악곡이 있다.

모차르트의 상반된 두 가지 이미지

　　지금까지는 베토벤을 기점으로 계속해서 후대의 작곡가를 살펴보았지만 말러까지 내려온 이 시점에서 과거로 되돌아가 모차르트를 등장시켜 보자. 모차르트는 음악사상 가장 유명한 신동이다. 잘츠부르크의 궁정음악가를 아버지로 둔 그는 1756년에 태어났다. 아버지는 아들이 자기보다도 재능이 있다는 사실을 알아채고 그의 교육에 열을 올렸다. 어린 시절부터 아버지에게 이끌려 유럽 각지를 순행한 그는 작곡 실력도 우수했다. 모차르트는 35세라는 이른 나이에 세상을 떠났는데 그는 그 짧은 생애 동안 모든 장르의 곡을 작곡했다.

　　모차르트의 이미지는 두 가지로 나뉜다. 하나는 천사처럼 섬세하고 고독하며 요절한 천재라는 이미지다. 그의 곡은 즐거운 곡에도 어딘가 모르게 애수가 서려 있으며 그와 반대로 슬픈 곡이라도 은근한 밝

모차르트 가족의 초상화로 벽에
그려져 있는 여자가 모차르트의
어머니이다.

음이 숨어 있다.

1946년에 고바야시 히데오가 쓴 수필 「모차르트」에는 다음과
같은 문장이 나온다. 바로 "모차르트의 슬픔은 질주한다. 눈물은 따라잡
을 수 없다"라는 문장이다.

그러나 이는 순수한 고바야시의 말이 아니라 프랑스의 극작가
게옹이 모차르트의 음악을 "앞을 향해 나아가려고 하는 슬픔"이라고 평
가한 것을 읽고는, 자신의 느낌과 똑같아서 놀랐다며 수필집의 서두에
쓴 것이다. 그래도 일본의 경우 대부분의 사람들은 이 말을 고바야시의
수필을 통해 처음으로 알았기 때문에 고바야시 히데오가 한 말로 받아들

였다.

그 후 "슬픔은 질주한다"는 말은 모차르트의 이미지로서 독주하기 시작한다. 고바야시의 「모차르트」를 읽은 사람은 물론 읽지 않은 사람에게까지 그러한 이미지를 정착시킨 것을 보면 과거 평론가의 영향력이 대단했음을 알 수 있다.

그런데 이러한 모차르트의 이미지를 깨부순 것이 영화 「아마데우스」이다. 음악의 천재라는 점은 틀림없지만 경박하고 시끄러운데다가 여자를 밝히는 인물로 모차르트를 묘사한 이 영화는 마지막에는 비극적으로 끝나지만 "질주하는 슬픔"의 이미지는 없었다.

고바야시 히데오가 죽은 것은 1983년이었고 이 영화가 일본에서 개봉된 때는 1985년이었다. 그리고 그 사이인 1984년에 마츠다 세이코(일본 여가수)의 「핑크 모차르트」가 히트를 쳤다. 고바야시가 심어놓은 블루 모차르트의 이미지는 2년 사이 핑크 모차르트로 이미지로 전환되었으며, 이에 마츠다 세이코가 합세함으로써 모차르트의 이미지는 영화 「아마데우스」에서처럼 경쾌하고 화려한 이미지로 새롭게 확립되었다.

모차르트는 자신의 작품을 어떻게 불렀을까?

고바야시 히데오의 수필 서두에 등장하는 곡이 「교향곡 제40번」이다. 이 곡은 "슬픔은 질주한다. 눈물은 따라잡을 수 없다"는 말에 딱 맞는 곡이기도 하다.

모차르트를 좋아하는 사람은 이 곡을 「사단조의 교향곡」이나 「쾨헬 550(쓸 때는 「K. 550」)」이라고 부른다. 그러므로 모차르트에 대해 아는 척을 하고 싶으면 "모차르트 하면 뭐니 뭐니 해도 사단조지"라고 말하면 된다. 그러나 대화 상대가 열성적인 모차르트 팬이어서 이야기가 본격적으로 들어가면 곤란해지므로 주의가 필요하다.

클래식에서는 작곡가의 모든 작품에 번호를 붙이는데 이를 본인이 직접 붙이기 시작한 사람은 베토벤이 처음인 것으로 보인다. 자기 작품에 대한 베토벤의 집착이 그 이전의 작곡가와는 사뭇 다름을 알 수 있다.

이 번호는 다른 작곡가의 경우에는 '작품 번호'로밖에 부르지 않지만 모차르트의 경우에는 쾨헬 번호라고 부른다. 생략해서 K라고도 한다. 쾨헬은 식물학자이자 광물학자이며 모차르트 연구가이기도 하다. 모차르트의 작품은 악보가 흩어져 없어진 경우도 많은데 그것을 연구하고 작곡된 순서를 조사하여 목록화하면서 작품 번호를 붙였다. 이 번호를 쾨헬이 붙였다고 하여 쾨헬 번호라고 부르는 것이다.

또 작품 번호만이 아니라 '교향곡 제 몇번' 하는 식으로 장르마다 작품 번호를 붙이는 관습도 과거에는 없었다. 따라서 모차르트가 환생하여 우리나라 말을 할 수 있다고 할 때 "당신의 교향곡 40번은 훌륭하다"고 해도 그는 어느 곡인지 모를 것이다.

교향곡의 번호는 1883년, 모차르트의 전집이 완성된 시점에 붙여졌다. 그는 70곡 전후의 교향곡을 작곡했다고 전해지는데 그 시점에서 확인이 가능했던 작품은 41곡이었다.

홍콩 센트럴 빅토리아 피크타워의 마담 터소 밀랍인형관에 있는 어릴 적 모습의 모차르트 인형이다.

그런데 37번은 다른 사람의 작품이라는 사실이 나중에 밝혀졌다. 그래서 현재 37번은 결번 상태이다. 37번 이후의 작품을 한 단계씩 끌어올려도 좋았겠지만 이미 다른 곡들이 그 번호로서 정착된 상황이었기 때문에 혼란을 일으킬 수 있어 결번으로 두었다. 그러므로 40번은 사실 39번이다.

　　"교향곡 40번"이나 "K550"이 후세에 와서 부르게 된 호칭이라면 모차르트 자신은 자신의 작품을 어떻게 불렀을까? 짐작컨데 「사단조 교향곡」이라 불렀을 것이다. 사단조, 즉 G마이너이다.

　　당시 곡을 구별할 때는 조로 구별할 수밖에 없었다. 같은 조의

오스트리아 잘츠부르크에 있는 모차르트가 살았던 집으로 그는 1773~1780년까지 가족과 함께 이곳에서 살았다.

곡이 여러 개 있을 때는 "다장조의 새로운 곡"이라든지, "짧은 나단조"라는 식으로 구별하여 불렀다고 한다. 39번, 40번, 41번, 이 최후의 세 곡은 1788년 봄부터 시작되어 겨우 2개월 사이에 작곡되었다. 곡 하나의 연주 시간이 20분 전후이기 때문에 세 곡이 한 장에 담긴 음반도 있다. 전문가의 말로는 세 개의 곡은 구성면에서 여러 관련성이 있다고 한다.

최후의 곡인 41번에는 "주피터"라는 애칭이 붙어 있다. 주피터는 그리스 신화의 제우스를 가리킨다. 그렇다고 해서 이 곡이 신화를 표현한 곡은 아니다. 단순한 애칭이다. 단지 이 곡이 모차르트 최후의 교향곡이기에 최고의 곡이라는 의미로 최고의 신인 주피터의 이름이 붙여졌을 뿐이다. 이는 모차르트가 죽은 뒤 작곡가로서 흥행 가도를 달리던 잘로몬이 이름을 붙이면서 정착되었다.

제목 붙이는 것을 좋아하는 우리나라 사람들도 40번에는 제목을 붙이지 않았다. 애당초 고바야시 히데오의 수필이 메이지 시대에 집필되었다면 '질주하는 슬픔' 혹은, '슬픔'이라는 독자적인 제목이 붙었을지도 모른다. 실제로 어떤 때에는 제3악장이 「슬픔의 미뉴에트」라는 제목이 붙여져 독립된 곡으로서 연주되었다.

앞부분에서 「운명」을 다룰 때 베토벤의 음악은 혁명적이었다고 설명했다. 그런 논리로 말하자면 모차르트의 음악은 혁명 이전의 음악이다. 즉, 여기에는 감정은 있을지 모르지만 사상은 없다. 오직 음악의 화려한 기술만이 있을 뿐이다.

이를 두고 "기술만 있고 사상이 없다. 무엇을 호소하려는지 알수가 없는 음악이다"라고 생각하는가, "이 곡이야말로 순수 음악이다. 음악을 음악으로서만 느끼면 된다"라고 생각하는가에 따라 모차르트에 대한 평가는 달라진다.

지금 유행하는 연주법

카라얀의 음반은 늘 그렇듯이 표면적인 아름다움을 추구한, 화려한 연주이다. 모차르트와 카라얀 모두 오스트리아 외각에 위치한 잘츠부르크 출생이라는 공통점이 있다.

그러나 둘의 공통점은 출생지와 음악가라는 것뿐이다. 카라얀은 돈벌이에도 능숙하였고 80세를 넘길 때까지 살았으며 생전에 음악계에서 제왕으로서 군림하며 막대한 재산도 남겼다. 젊은 나이에 빚더미 속에서 죽은 모차르트와는 완전히 다른 것이다. 그런 이유에서 카라얀의 음반은 모차르트의 청빈함과 고상한 정신도 없다는 비판을 받는다.

하지만 모차르트의 빚은 사치를 위한 것이었기 때문에 청빈함과는 다르다. 더구나 베토벤 이전에는 음악에 정신성을 담는다는 개념 자체가 분명히 없었다.

최근에는 고古악기에 의한 연주가 많아지고 있다. 고악기란 중고 악기를 말하는 것이 아니다. 예를 들자면 바이올린도 오랜 세월을 거치며 재질과 형태가 바뀌기 마련이다. 더 좋은 음을 내기 위해 개량되어 온 것인데 당연히 지금의 악기는 200년 전, 모차르트가 살았던 시대의 악기와는 다르다.

그렇다면 현대의 악기로 내는 소리는 모

궁정 의상을 입고 있는 모차르트(상)와 피아니스트이자 작곡가인 그의 누이 난넬(하)의 모습이다.

차르트가 생각하던 음이 아니라는 논리가 성립된다. 그래서 1970년대 무렵부터 당시의 악기로 연주해야 한다는 운동이 일어나 그 당시의 악기를 복원하여 연주하게 되었다. 악기만이 아니라 연주법도 다르므로 들었을 때의 느낌은 상당히 다르다.

즉, 제작 연도수가 앞선 것일수록 현대 악기로 연주한 음반이고 뒤로 갈수록 고악기로 연주한 음반이 많은 것이다. 바야흐로 신구 역전 현상이 일어나고 있는 것이다. 이처럼 연주법의 차이를 즐기는 것도 클래식을 즐기는 방법 가운데 하나이다.

바흐

G선상의 아리아

(1729~1731년경)

요한 세바스찬 바흐(1685~1750년)

독일의 오르가니스트이자 작곡가로 바로크 음악을 집대성하고 정점에 서게 만든 사람이다. 어려서부터 바이올린과 오르간을 익혔고 궁정악단에서 연주와 지휘를 하고, 교회음악가로 활동했다. 작품으로 「마태수난곡」, 「요한수난곡」, 「브란덴부르크협주곡」, 「푸가의 기법」 등이 있다.

작곡가 자신도 모르는 명곡

교향곡만 클래식인 것은 아니다. 여기에서 소개하는 「G선상의 아리아」는 바이올린 곡이다. 오리지널 「G선상의 아리아」는 오케스트라가 연주한 곡으로 「관현악 모음곡 제3번」의 제2곡에 해당한다. 이것을 바이올린의 G선만으로 연주할 수 있도록 편곡하였는데, 이때 이름이 붙여졌다. 모리무라 세이치의 소설 「조사선상의 아리아」는 이 곡에서 힌트를 얻어 붙인 제목일 것이다.

그건 그렇고, 먼저 G선에 대해서 이야기해 보자. 바이올린에는 4개의 줄이 있다. G선, D선, A선, E선이 있는데 그중에서 G선이 가장 낮다. 아리아는 이탈리아어로 노래라는 의미이지만 「G선상의 아리아」에는 오리지널에도 사람의 목소리로 부른 노래는 없다. 바흐 시대에는 가창적이고 선율적인 곡은 노래이든 아니든 '아리아' 라고 불렀던 것이다.

편곡한 사람은 빌헬미라는 명바이올리니스트로 그는 19세기부터 20세기 초에 걸쳐 활약했다. 「G선상의 아리아」를 편곡한 때는 1871년이다(바흐의 오리지널은 1729년에서 1731년 무렵에 작곡되었다). 편곡된 곡이 바흐의 오리지널을 능가하여 유명세를 타게 된 데에는 20세기에 발명된 축음기의 영향이 컸다. 당시의 레코드는 SP판이라고 불렀는데 5분 전후밖에 녹음할 수가 없었다. 게다가 오케스트라처럼 복잡하고 중층적인 음은 좀처럼 재현하기 힘들었다. 때문에 당시에는 피아노곡이든 바이올린곡이든 가곡을 왕성하게 녹음하였다. 그런 조건 하에서 편곡된 「G선상의 아리아」는 녹음하기에 안성맞춤이었다.

그러나 LP시대가 도래하고 스테레오 녹음도 가능해지자 오케스트라로 연주한 곡이 각광을 받기 시작했다. 게다가 시대풍조가 오리지널성을 중요시하게 되어 타인이 편곡한 곡은 올바르지 못한 곡이라는 취급을 받았다. 따라서 현재 연주되는 곡은 오리지널 관현악 모음곡이 대부분인데 그런 관현악곡까지도 「G선상의 아리아」라고 부르고 있다. 본말전도의 전형인 것이다. 바흐가 알았다면 "그런 이름의 곡은 난 모른다"며 깜짝 놀랄 일이다.

신앙심이 깊었던 바흐가 1681년 판을 사서 보관한 성서로 루터가 번역한 것이다.

음악의 아버지, 바흐

그렇다면 바흐의 오리지널 관현악 모음곡은 명곡이 아니란 말인가? 아니, 그 문제를 논하기 전에 바흐는 명작곡가가 아니란 말인가? 절대 그렇지 않다. 무엇보다 바흐는 음악의 아버지라고 일컬어질 정도로 음악사에서 찬연히 빛나는 존재이다.

적어도 바흐가 음악가의 아버지라는 점은 전무

후무할지도 모른다. 바흐는 20명이나 되는 자식을 낳았는데(아내가 둘인데, 전처가 죽자 그 후에 두 번째 결혼을 했다), 그 가운데 4명은 음악사전에도 기재될 정도로 명망 있는 음악가가 되었다. 그 때문에 그는 자식들과 구분하기 위해 '대 바흐'라고 불린 적도 있었고, 최근에는 풀 네임으로 '요한 세바스찬 바흐' 또는 'J·S·바흐'라고 쓰는 것이 일반적이다.

이처럼 바흐는 생물학적으로도 대단한 아버지였는데 그는 자식뿐만이 아니라 방대한 수의 작품도 남겼다. 알려진 것만도 1000곡이 넘는다. 그 모든 곡을 연주하여 수록한 바흐 전집은 CD로 200장 이상 된다. 작곡 기법 면에서도 여러 가지 기법이 바흐의 손에 의해 집대성되고 확립되었다. 작곡 기법의 집대성과 확립을 이론서의 집필을 통해서가 아니라 실제 작품으로 이루어 냈다는 점이 대단하다. 마찬가지로 이것을 록을 통해 이룩한 사람이 비틀즈이다.

바흐란 독일어로는 실개천이라는 의미인데 그의 음악적 업적은 수많은 실개천이 흘러든 대하大河와도 같다. 이탈리아의 기악곡, 북부 독일 지방을 지점으로 하는 오르간음악, 프로테스탄트의 교회음악, 프랑스의 궁정음악 등 여러 음악의 지류가 바흐에 의해 집대성되었다. 바흐는 기법 면에서는 '대위법'이라는 작곡법을 추구했다.

대위법이란 무엇인가? 피아노는 오른손과 왼손이 서로 다른 멜로디를 연주하지만 하나의 곡으로 들린다. 오케스트라의 경우에도 몇 가지 종류의 악기가 각각 다른 멜로디를 연주하지만 역시 제각각이라는 느낌은 들지 않는다. 합창도 그렇다. 이처럼 하나하나 끄집어내면 다른 멜로디를 하나의 곡으로 들리도록 작곡하는 기법이 대위법이다. 따라서 작곡을 하는 사람은 반드시 배워야만 한다. 작곡을 할 때는 감성도 중요하지만 다른 한편으로 극히 수학적인 요소도 있어서 계산이 틀리면 곡이 이루어지지 않는다.

전속 작곡가에서 프리랜서로

바흐가 태어난 때는 1685년이다. 그는 1750년에 세상을 떠났는데 본격적인 활동은 18세기에 들어선 후에 하였다. 대개 서양 음악의 역사는 1600년 전후에 시작된 것으로 보는데 바흐가 활동한 시대는 그로부터 1세기가 지난 무렵이다. 그 시기는 음악사상 바로크 음악(76페이지 참조)의 전성기에 해당한다. 바흐는 자식도 음악가가 되었지만 부모도 음악가였다. 나아가 친척 대부분이 음악가이기도 했다.

이 시대의 음악가는 예술가로서 경제적으로 자립하지 못했다. 거의가 교회나 궁정에 고용되어 고용주의 주문을 받고 작곡을 하고 연주를 했다. 바흐도 교회에 고용되어 예배 때는 오르간을 연주했다. 그 외에 부수입도 있었는데 바흐는 명사, 명가의 관혼상제를 위해 자주 작곡을 했다. 그래서 지위가 높은 사람의 장례식이 많은 해일수록 바흐의 수입은 늘어났다고 한다.

이러한 예술가는 현대에는 좋은 평가를 받지 못한다. 현대인들은 생활을 위해, 돈을 위해 작곡을 한 거라며 그런 작품은 진짜 예술이 아니라고 여긴다. 그러나 이런 이유로 바흐를 비판한다면 그것은 시대 배경을 이해하지 못한 데서 오는 오류이므로 옳다고 볼 수 없다. 오히려 그런 사회 구조와 경제 구조 속에서 작곡 활동을 했음에도 불구하고 모든 곡에서 바흐만의 개성이 분명하게 느껴진다는 사실에 놀라야 한다.

덧붙여 말하면 바흐 본인도 말년에는 교회에 고용되어 이것저것 명령을 받는 것이 싫어져서 경제적으로 자립을 한다. 작품을 출판하는 프리랜서 작곡가가 된 것이다. 그 후 그는 그때까지 작곡한 작품들을 집대성하기도 했는데 이 점에 있어서는 근대적 예술가의 모델을 제시한 선구적 존재가 된다.

그리스도교도가 아닌 많은 사람들은 바흐 작품의 대부분을 차

음악의 아버지인 바흐는 아들들 또한 대부분이 음악가가 되었는데 그 가운데서 막내 아들 요한 크리스티안 바흐(그림)는 '런던의 바흐'라고 불릴 정도로 명성을 떨쳤다.

지하는 교회 음악 혹은 종교 음악을 경원시하는 경향이 있다. 실제로 크리스마스에 선물을 교환하고 케이크를 먹으며 징글벨이나 고요한 밤 등 대중적인 크리스마스 캐럴을 부르는 사람은 많지만 찬미가를 부르는 사람은 얼마 없다. 그러므로 여기서는 일단 「G선상의 아리아」를 듣고 "아, 이 곡, 어딘가에서 들어본 적이 있는데. 이 곡이 바흐가 작곡한 곡이구나" 하고 확인하는 정도에서 만족하자. 물론 이런 식의 바흐를 다루는 것은 바흐의 팬이 화낼 만한 일이다. 하지만 그것을 의식하면 다음으로 넘어갈 수 없다.

그래도 한 번쯤은 오리지널 「관현악 모음곡 제3번」의 전곡을 들어 보기를 바란다. 분명 베토벤과는 확연히 다른, 전아하면서도 장엄한 울림을 느낄 것이다. 참고로 베토벤의 음악이 사회적 존재로서 살아가는 인간의 격투를 느끼게 한다면 바흐의 음악은 천상에서부터 들려오는 듯한 느낌을 준다.

또 모차르트 편에서도 언급했듯이 바흐의 곡 또한 최근에는 당시의 악기를 사용한 연주가 주류를 이루는 추세이다. 하지만 현대 악기로 연주한 카라얀의 음반에서도 현란한 울림은 충분히 맛볼 수 있다.

비발디
사계 (1720년경)

안토니오 비발디(1678~1741년)

이탈리아의 작곡가이자 바이올린 연주자로 바로크 시대를 대표하는 음악가이다. 40여 곡의 오페라를 비롯해 많은 종교적 성악곡, 가곡 등을 남겼으며 기악곡은 음악사에서 특히 중요한 역할을 했다. 작품으로 합주협주곡집 「조화의 영감」, 바이올린 협주곡집 「열광」, 「화성과 창의에의 시도(사계 포함)」 등이 있다.

바로크 음악의 대표곡 중 하나

바흐가 활동했던 시대보다도 훨씬 더 과거로 거슬러 올라가 보자. 그러면 우리는 바로크 음악의 대표자 중의 한 명인 안토니오 비발디를 만날 수 있다. 그는 바로크 음악의 대표자이기도 하지만 클래식의 대명사적 존재이기도 하다. 비발디의 바이올린협주곡 「사계」는 정확하게는 총 12곡의 협주곡으로 이루어진 「협주곡집(화성과 창의에의 시도)」 가운데 제1번 「봄」부터 제4번 「겨울」까지의 4곡을 가리킨다.

「사계」의 4곡은 각각 3악장씩인데 처음과 마지막 악장은 빠른 템포이고 한 가운데는 느린 악장으로 구성되어 있다. 이것을 '급·완·급의 3악장 구성'이라고 하며 이 형식을 확립한 사람이 바로 비발디다. 덧붙여 독주자와 오케스트라가 번갈아가듯 연주하는 협주곡도 비발디가 확립한 장르이다. 그가 쓴 협주곡의 수는 450곡 전후이며 다른 장르까지 합하면 800편 이상의 작품을 썼다고 알려져 있다.

비발디는 1678년, 바로크 음악이 전성기를 구가하던 시절 이탈리아 베네치아에서 태어났다. 그의 아버지가 바이올리니스트였기 때문에 그는 어릴 때부터 바이올린을 배웠다. 그는 작곡가로서도 이름을 남겼지만 살아 있는 동안에는 바이올리니스트로서도 유명했다. 게다가 그는 작곡한 작품이 악보로 출판되어 수입을 얻는 새로운 유형의 작곡가이기도 했다. 당시 대부분의 작곡가는 교회와 궁정에 고용되어 있었다.

비발디는 바흐에게도 영향을 주었다. 다시 말해, 음악의 아버지에게도 영향을 줬다는 말인데, 아무도 이렇게 말하지는 않지만 이런 관점에서 보면 비발디는 음악의 할아버지나 음악의 큰아버지와 같은 존재이다.

한편, 1600년 전후부터 1750년 무렵까지의 시대를 우리는 바로크 시대라고 부른다. 바로크라는 단어는 원래는 건축양식을 가리키는 말이지만 동시대의 음악이나 미술 분야에서도 흔히 사용하였다. 같은 시대에 속해 있기 때문이다.

바로크 시대의 전 시대는 르네상스 시대로, 균형과 조화를 중요시하였다. 그것을 파괴하고 장식을 풍부하게, 즉 눈부시게 아름답고 화려하게 하여 정적인 것보다 동적인 것을 추구한 것이 바로크이다. 「사계」의 눈부시게 아름답고 전아한 이미지는 그야말로 바로크 양식 그 자체이다.

「사계」에서 특히 잘 알려진 부분이 첫 번째 곡인 「봄」의 첫머리이다. 약동감 있는 리듬과 화려한 선율이 확실히 봄이 왔구나, 하는 느낌을 준다.

「여름」은 더위에 허덕이는 사람들을 표현했다고는 하지만 들어보면 그렇게까지 덥지 않다. 이탈리아의 여름은 습기가 많기 때문이라

비발디는 음악의 아버지 바흐에게도 영향을 주었는데 그림은 독일 라이프치히 성토마스 성당 앞에 있는 바흐 동상이다.

고 한다. 그래서 비발디가 그린 여름도 숨 막힐 정도로 덥지는 않은 것인
지도 모른다. 이런 이유로 무더운 여름을 보내는 사람에게는 "이 곡이
여름이야?" 하는 느낌을 받는다. 무더위라고 해봤자 고작해야 강원도
두메산골의 여름 더위 정도일까? 이 곡을 듣다 보면 뻐꾸기가 우는 소리
도 들린다. 숲에 있는 느낌이다. 그래서 이 곡에서는 서늘한 느낌이 든
다. 참고로 「여름」의 제2악장에는 폭풍이 친다.

「가을」에서 비발디가 표현하고자 한 것은 결실의 가을, 수확의
계절로서의 가을로 농업에 종사하지 않은 도시인에게는 그다지 와 닿지
않은 가을이다. 「겨울」에서는 밖에는 초겨울 바람이 불지만 실내에는
난로가 있어서 따뜻하다는 느낌을 표현하고 있다.

20세기에 이르러 부활한 명곡

「사계」의 4곡에는 각각의 계절을 그린 14행의 단시(이것을 소네트
라고 한다)가 달려 있다. 다시 말해서 먼저 시를 지은 다음에 그것을 바탕
으로 하여 작곡을 한 것이다. 이처럼 구체적으로 사물을 그린 것을 '표
제음악'이라고 하는데 이 같은 음악이 확립된 것은 비발디의 시대로부
터 훨씬 뒤인 19세기 낭만파의 시대이다.

비발디는 19세기 낭만파의 위대한 선구자라고 할 수 있는데 반
대로 말하면 바흐, 하이든, 모차르트 등 베토벤 이전의 작곡가가 그의
노선을 계승하지 않았다는 말이다. 「사계」의 뒤를 이었다고 볼 수 있는
곡은 1808년에 베토벤이 작곡한 「전원」 교향곡이 최초이다. 사실 그 이
유는 아주 단순하다. 바로 곡 자체가 잊혀 갔기 때문이다.

「사계」는 300여 년 전의 곡인데 계속 명곡으로 인정받지는 못
했다. 비발디가 죽은 후로는 「사계」는 물론 비발디라는 작곡가의 존재

자체가 잊혀 갔다. 그의 묘는 모차르트와 마찬가지로 빈의 공동묘지에 묻혀 남아 있지 않다. 게다가 그 기록이 확인된 때는 20세기에 들어서고 나서였다.

「사계」의 악보가 발견되고 출판된 때는 1949년인데 1950년대에 들어선 후에는 빈번하게 연주되었다. 하지만 전쟁 전의 클래식 애호가들은 이 곡의 존재조차 몰랐다.

이 곡이 전 세계적으로 폭발적인 인기를 끈 것은 1955년에 실내 합주단 이무지치가 연주한 레코드가 나오고 나서부터이다. 이무지치는

스페인 태생의 이탈리아 바이올린 연주자인 펠릭스 아요는 이무지치의 리더였다. 그의 연주로 「사계」가 유명해지기 시작했다.

이탈리아어로 '음악가들' 이라는 뜻인데 당시 22세의 펠릭스 아요가 리더를 맡고 있었다. 그들은 로마음악원의 학생 그룹이었다. 그들은 「사계」의 레코드가 나오기까지 거의 알려지지 않았다. 어찌됐든 이무지치 덕분에 「사계」는 명곡으로 부상하였고 이무지치 또한 이 곡으로 명성을 얻었다.

이런 이유로 「사계」는 이무지치의 연주 음반이 베스트셀러가 되었다. 이무지치의 음반이 유명해지자 역시나 카라얀이 내버려 둘 리 없었다. 이무지치는 10명도 못 미치는 인원으로 녹음했지만 카라얀은 베를린 필하모니에 소속된 수십 명의 단원을 동원하여 녹음했다. 그러니까 카라얀 판으로는 호화로운 「사계」를 감상할 수 있다.

이런 음악은 바로크가 아니라는 비판이 당연히 있지만 바로크 음악은 처음부터 과다한 장식에 현란하고 호화스러움을 특징으로 하기 때문에 카라얀이 올바르게 연주했다고 생각할 수도 있다. 하지만 고악기 연주를 신봉하는 사람들은 카라얀은 물론 이무지치도 인정하지 않는다.

이별의 곡 (1829~1832년경)

프레드릭 쇼팽(1810~1849년)

폴란드의 작곡가이자 피아니스트로 피아노의 시인이라고 불린다. 시대를 앞지르는 독자적인 양식의 작품을 많이 남겼으며 작품으로 피아노곡 「24개의 전주곡」, 「24개의 연습곡」의 피아노협주곡 외 발라드 등 다양한 곡들이 있다.

쇼팽의 가장 아름다운 곡

　　　지금까지는 오케스트라가 연주한 곡만을 소개했는데 여기서는 피아노곡을 다루려고 한다. 피아노곡 하면 쇼팽, 쇼팽하면 피아노곡을 들 수 있을 것이다. 쇼팽은 폴란드가 낳은 가장 유명한 음악가이다. 또한 그는 대부분의 작품이 피아노곡이라는 점에서 음악사에서 특이한 존재이기도 하다. 그는 폴란드에서 망명하여 파리에서 활약하였고 남장여류작가인 조르주 상드와 연인 관계였던 것으로도 유명하다. 살아 있는 동안에는 피아니스트로서도 활약하였는데 자신의 작품을 연주하여 인기를 얻었다. 노래까지는 부르지 않지만 본인이 연주하기 위해 작곡하였기 때문에 요즘 식으로 말하자면 싱어송 라이터인 셈이었다.

　　　쇼팽으로 말하자면 「이별의 곡」이 대표적인 명곡이다. 그러나 이 곡명 또한 일부 국가에서밖에 통용되지 않는 곡명이다. 이 곡은 쇼팽을 주인공으로 한, 전쟁 전의 프랑스 영화 「이별의 노래」의 주제가로 사용되었는데 이것을 계기로 「이별의 곡」이라는 이름이 완전히 정착되었다.

　　이 곡에 대해서 쇼팽은 "내가 쓴 곡 중에 가장 아름다운 멜로디의 곡이다"고 말했다고 하는데 정말 아름답고 애처롭다. 그런데 제자가 이 곡을 연주하는 것을 듣고 쇼팽이 "오, 나의 조국이여" 하고 외쳤다는 일화가 전해지는 것을 보면 일반적으로 알려진 것과는 달리 이별한 연인을 그리는 곡이 아니라 조국을 그린 곡임을 알 수 있다.

　　강제로 제목을 붙이자면 "망향"이나 "조국" 정도가 쇼팽의 심정에 가까울 것으로 생각되지만 어느새 우리들은 이 곡을 사랑하는 사람과의 이별을 그린 곡으로만 듣고 있다. 하지만 「이별의 노래」라는 비련의 영화 주제곡으로 사용될 정도니까 애초에 그런 요소가 전혀 없다고 볼 수도 없다.

　　「이별의 노래」는 쇼팽의 에튀드집(연습곡) 중의 한 곡이다. 정식으로는 「에튀드집 작품10 제3번 마단조」이다. 같은 작품10의 제12번은 「혁명」이라 불리는데 드라마틱하며 정열적인 곡이다. 폴란드가 독립에 실패했다는 비보를 들은 쇼팽이 개탄하며 착란 속에서 조국에 대한 마음을 담아 단숨에 만들었다고 한다.

　　쇼팽의 이 연습곡집에 의해 **에튀드**etude라는 장르가 탄생했다. 연습곡이기는 하지만 초보자가 배우기 위해 연주하는 곡은 아니다. 상당히 고도의 기술을 필요로 한다. 즉, 피아노의 모든 기교를 구사하기 위한 연습곡인 것이다. 그렇다면 무미건조한 곡이냐, 그렇지 않다. 이 곡들은 각각 예술작품으로서도 완성도가 높은 엄청난 작품이다. 겨우 20세 안팎의 나이에 이런 걸작을 탄생시켰다는 점에서 역시 쇼팽은 천재라

유머 감각이 풍부했던 쇼팽은 어릴 적부터 스케치나 만화를 즐겨 그렸다. 그림은 그가 어렸을 때 그린 만화이다.

에튀드

프랑스어로 '연습'이라는 뜻의 연습곡을 말한다. 원래의 의미는 연주 기법의 연마를 위해 작곡된 곡을 뜻했는데 뒤에 미적 요구를 만족시키면서도 기교적인 문제를 극복하는, 완전하면서도 수준 높은 곡을 의미하게 되었다.

고 불릴 만하다.

역사의 전환점에 살았던 예술가

　　쇼팽이 태어난 19세기 초의 폴란드는 국경을 접하고 있는 러시아, 프로이센(독일), 오스트리아라는 3대국에 의해 분할 통치되고 있었고 자주 국가로서 존재하는 나라가 아니었다.

　　여기서 음악가와 세계사의 관계를 복습해 두자. 1789년에 프랑스는 혁명으로 왕제가 무너진다. 처형되었던 루이 16세의 왕비 마리 앙투아네트와 동시대인이 모차르트이다. 두 사람은 서로 만난 적이 있다. 앙투아네트가 어린 시절, 아직 빈의 생가에 있었을 때 모차르트가 궁중 연주를 한 뒤 "장차 내 아내로 삼겠다"고 했다는 유명한 일화가 전해지고 있다.

　　프랑스혁명 후의 혼란을 종식시킨 사람은 나폴레옹으로, 그는 1804년에 황제에 취임한다. 나폴레옹과 동시대인은 베토벤이며 「영웅」 교향곡(253페이지 참조)은 당초에 나폴레옹에게 바쳐질 예정이었다고 한다. 나폴레옹이 실각하고 프랑스에서 왕제가 부활한 때가 1814년이다. 베토벤이 죽은 때는 1827년이다. 프랑스는 1830년에 7월 혁명으로 또 다시 왕제가 무너지고 루이 필리프가 집권하는 공화파가 왕위를 잇는다. 골치 아픈 체제 공화파가 형성된 것이다.

　　쇼팽이 바르샤바를 떠난 것은 그 직후로 그는 루이 필리프 시대 때 파리에서 활약했다. 필리프 체제가 무너진 것은 1848년 2월 혁명 때문인데 이 해에는 훗날 20세기에 가장 큰 영향을 미친 한 권의 팸플릿이 출판되었다. 바로 마르크스와 엥겔스에 의한 「공산당 선언」이다. 쇼팽은 그 다음 해에 39살의 나이로 결핵으로 사망한다. 정확히 7월 혁명과 2

월 혁명 사이에 활약한 셈이 되는 것이다. 19세기 중반의 음악계의 주역은 바로 바그너였다.

그 당시에는 이미 콘서트홀이 존재하였고 시민은 입장료를 내고 들어가 자신이 좋아하는 음악을 들을 수 있게 되었다. 그러나 쇼팽의 곡은 큰 음량을 낼 수 없었기 때문에 넓은 연주회장에는 적합하지 않았다. 그런 이유로 그는 수많은 일반시민 앞에서 연주하지 않고 상류 계급이 드나드는 살롱에서 연주했다. 그야말로 '공화파의 왕제' 라는 애매한 시대에 어울리는 음악가였다.

다시 이야기를 되돌리면 1830년, 20살의 쇼팽은 바르샤바에서 나와 빈으로 향한다. 그런데 빈에 도착한 지 6일 뒤에 바르샤바에서 시민의 봉기가 있었다. 젊었던 쇼팽은 조국 독립을 꿈꾸는 활동가들과도 친분이 있었기 때문에 봉기에 대해서도 틀림없이 알고 있었을 것이라는 설이 있다.

쇼팽은 예술인가, 혁명인가를 두고 선택의 기로에 서자 결국 예술을 선택하고는 정치운동에 휘말리지 않기 위해 조국을 떠났을 수도 있다는 얘기다. 쇼팽이 두 번 다시 폴란드 땅을 밟을 수 없었던 이유도 그러한 사정이 있었기 때문인지도 모른다.

쇼팽은 빈에서는 그다지 평판이 좋지 않기 때문에 파리로 향했다. 파리에서는 인기가 있었는데 특히 상류 계급의 살롱에서 인기를 모았다. 당시 파리의 사교계에서는 유명한 피아니스트의 레슨을 받는 것이 유행하고 있었는데 이 부분에서도 쇼팽은 인기가 있었다.

초상화를 보면 알겠지만 쇼팽은 귀족적인 용모(귀족 출신은 아니다)를 가진 미남이었으므로 파리 사교계에서 부인들의 아이돌이 되었다. 그리고 조르주 상드와 운명적인 만남을 갖게 되었다. 영화 「이별의 노래」는 그녀와 만나기 전 쇼팽이 첫사랑과 이별할 때의 모습을 그린 영화

피아노를 치는 쇼팽에게 귀를 기울이는 조르주 상드를 묘사하고 있는 들라크루아의 작품이다.

라고 하는데 영화 속의 이야기도 어디까지가 사실인지는 알 수 없다.

쇼팽의 연인이었던 상드는 연애 경험이 많은 여자로 악명이 높다. 쇼팽과의 관계에서도 그녀는 악역으로 비춰졌다. 하지만 상드와 헤어지고 난 후 쇼팽은 이렇다 할 작품을 쓰지 않았다. 그의 창작에 상드의 존재는 컸다. 쇼팽이 결핵으로 죽는 것은 상드와의 이별로부터 3년 뒤의 일로 당시 그의 나이는 39세였다.

그 당시만 해도 음악가의 아내나 애인은 대부분 처음에는 어느 귀한 집안의 영양이었다가 결혼 후에는 작곡가의 아내라는 지위밖에 가지지 못했다. 하지만 상드는 달랐다. 그녀는 작가라는 직업을 가졌으며 결혼했으면서도 당당히 불륜 관계를 지속했다. 조르주 상드는 당시로서는 받아들이기 힘든 여성이었을 것이다. 사실 21세기인 현대에서도 그녀는 드문 부류의 사람에 속한다. 쇼팽과 상드의 관계를 통해 우리는 그 당시 여성의 사회적 지위가 크게 변화했음을 알 수 있다.

현재의 감각과 직결되는 피아노곡

쇼팽의 피아노곡은 짧은 곡이 대부분이다. 「이별의 곡」의 연주 시간도 4분 전후이다. 이는 쇼팽이 살았던 낭만파 시대의 피아노곡의 특징 중 하나이기도 하다. 그 당시 음악의 기본 형식 중 하나로 소나타 형식(257페이지 참조)이 있는데 "그런 형식에 현혹되지 않아도 된다"는 주장이 나왔다. 그러자 음악이 형식에서 벗어나 자유로워졌고 마침내 새로운 종류의 피아노곡이 쇼팽에 의해 탄생한다.

에튀드(연습곡), 프렐류드(전주곡), 녹턴(야상곡), 발라드, 폴로네즈, 마주르카와 같은 장르는 쇼팽이 창시자다. 그중에서도 폴로네즈, 마주르카 등은 원래는 폴란드의 민속음악인데 쇼팽은 고향의 음악을 피아노곡의 한 장르로서 새롭게 창조했다.

바그너가 오페라극장에서 화려한 혁명을 일으키고 있는 사이에 상류 계급의 살롱에서는 쇼팽에 의해 조용한 혁명이 일어나고 있었다. 당시 이 혁명을 도운 것이 피아노라는 악기였다. 이 시대에는 지금의 피아노와 거의 같은 음을 내는 피아노가 완성되었다. 피아노는 당시로서는 새로운 악기였고 쇼팽은 피아노의 매력을 개척하며 피아노만의 음악을 확립했다.

쇼팽은 짧은 생을 살았던 탓에 피아노곡 이외의 다른 작품은 거의 남기지 않았다. 당시 파리는 오페라극장이 전성기를 맞이하고 있었는데 쇼팽 또한 오페라에 대한 의욕이 있었던 것 같지만 결국 손을 대지는 않았다.

150년 전에 만들어진 쇼팽의 음악이 현대의 드라마나 영화에 사용해도 전혀 손색이나 위화감이 들지 않는 이유는 쇼팽이 현재와 직결된 작곡가이기 때문이다. 클래식은 20세기에 들어서면 너무 이론만을 추구하여 막다른 골목에 빠져 청중의 지지를 잃는다. 그러나 쇼팽의 음악은 대중음악으로 이어져 지금도 대량으로 생산되고 있다. 그래서

쇼팽과 상드의 조각상으로 자크 프로망 무리스가 제작하였다. 파리 몽소에 있으며 쇼팽이 피아노를 연주하고 상드가 경청을 하고 있는 모습을 볼 수 있다.

쇼팽은 구식이 되지 않고 항상 현재의 음악으로 들을 수 있는 것이다.

　　그건 그렇고, 이 곡은 피아노곡이기 때문에 카라얀과는 관계없다. 이 책에서 소개한 피아니스트를 통틀어서 가장 위대한 피아니스트는 러시아가 낳은 20세기 최대의 피아니스트 스뱌토슬라프 리히터(1915~1997년)라고 할 수 있다. 리히터는 러시아 음악은 물론 바흐, 모차르트, 베토벤의 작품도 연주 곡목으로 삼고 있으며 녹음한 곡도 많다. 어떤 곡이든 기본적으로 리히터의 연주를 선택하면 명연주를 감상할 수 있다.

　　한편 쇼팽의 곡은 폴란드인이 연주한 것을 들어야 한다고 생각되면 안톤 루빈시테인(1887~1982년)을 기억하기 바란다. 물론 두 사람 모두 이미 이 세상에는 없다. 현역 피아니스트의 연주를 듣고 싶으면 이탈리아인인 마우리치오 폴리니(1942년~)라는 이름을 외워 두면 된다.

라벨

볼레로 (1928년)

모리스 죠세프 라벨(1875~1937년)
프랑스의 작곡가로 인상주의와
신고전풍의 작품을 함께 가졌
다. 작품으로 발레음악 「다프니
스와 클로에」, 「볼레로」, 관현악
곡 「스페인광시곡」, 피아노곡
「밤의 가스파르」 등이 있다.

프랑스에서 가장 인기 있는 작곡가

회화나 문학의 역사, 또는 정치사에서도 프랑스는 항상 중심에
위치하지만 음악은 어떨까? 일반적으로 음악은 독일이 중심에 있으며
프랑스는 지류적인 위치에 있다고 받아들여지고 있다. 실제로 프랑스의
위대한 작곡가는 19세기 후반이 되지 않으면 음악사에 등장하지 않는다.
그러나 이러한 생각 자체가 독일 중심적인 사고에서 비롯된 발상이라고
할 수 있다.

프랑스가 음악적으로 변방이었다는 생각은 얼토당토않은 생각
이다. 프랑스는 음악대국이었다. 정확하게는 음악 소비대국이라고 하는
것이 옳은 것 같다. 파리는 음악가들이 진출하고 싶어하는 대도시였다.
프랑스혁명으로 시민 계급이 사회의 주역이 되자 음악은 궁정이나 교회
에서 듣는 것에서 콘서트나 오페라극장에서 듣는 것으로 바뀌었다. 프

랑스는 그러한 움직임의 최전선에 있었다. 따라서 파리에서 인정받는다는 것은 성공의 보증수표였다.

19세기 후반의 위대한 오페라 작곡가인 독일의 바그너도, 이탈리아의 베르디도 각자 자국의 오페라극장에서 성공하는 것보다는 파리 오페라극장에서의 성공을 더 바랐다.

'소비' 라는 측면에서 음악의 중심은 파리였다. 그런 지위는 20세기에 들어서서도 계속된다. 라벨은 그러한 시기에 등장한 작곡가로 거의 동시대의 사람으로는 드뷔시가 있었다. 오늘날 두 사람은 프랑스 음악의 대표라고 여겨지고 있다.

20세기 말, 프랑스의 저작권 관리단체의 조사에 따르면 라벨의 권리 승계자가 얻은 연간 저작권 수입은 다른 팝계 음악가가 얻는 금액보다도 많았다고 한다. 사후 70년 가까이 지났지만 라벨은 프랑스에서 가장 잘 나가는 작곡가이다.

마술과 동성애가 음악의 수수께끼를 푸는 열쇠

라벨은 1875년에 바스크 지방에서 태어났다. 아버지는 프랑스인이었지만 어머니는 스페인 계통의 사람이었다. 바스크 지방은 프랑스와 스페인에 걸쳐 있는 지역이다. 라벨은 프랑스인으로 활약했지만 그의 곡은 그에게 스페인의 피도 흐르고 있음을 느끼게도 한다.

바스크 지방은 투우로 유명한데 마술에 대한 관심이 높았던 곳으로도 잘 알려져 있다. 실제로 라벨의 음악에는 마술적인 울림이 있다. 같은 악기를 사용하였는데도 다른 작곡가의 작품을 연주할 때와 달리 라벨의 음악을 연주할 때는 음의 울림이 다르다는 인상을 받는다. 라벨의 곡은 멜로디가 분명하고 리듬도 확실하게 잘 구분되어 있는데도 어딘가

윤곽이 애매하여 포착하기 힘들다는 느낌을 받는다.

재즈도 라벨의 영향을 받았다. 20세기 전반, 미국에서 하나의 음악 장르로서 확립된 재즈는 본토인 미국보다도 유럽, 특히 프랑스에서 새로운 예술로서 주목받으며 평가되었다. 라벨이 음악가로서 활약하기 시작할 무렵, 파리에서는 음악과 미술, 문학 등 모든 분야에서 전 세계의 전위적인 것들이 유입되고 있었다.

음악에도 수수께끼 같은 마술적인 울림이 있었지만 라벨의 사생활 또한 수수께끼에 둘러싸여 있었다. 그가 동성애자라는 설도 있는데, 확실한 증거는 없지만 상당히 신빙성이 높다고 한다. 오늘날처럼 국가에 따라서는 동성애자끼리도 법적으로 결혼할 수 있는 세상과는 달리 20세기 전반, 성도덕의 선진국인 프랑스에서 동성애는 금기시되었다. 이처럼 미스터리로 남은 커다란 비밀이 라벨의 생애를 수수께끼로 만들었고 그의 음악에도 비밀스러운 이미지를 부여했는지도 모른다.

라벨의 대표작으로는 「다프니스와 클로에」, 「죽은 왕녀를 위한 파반느」 등이 있다. 라벨은 처음에는 피아노곡으로 작곡했다가도 나중에는 본인이 오케스트라용으로 편곡한 곡들이 많은데 이러한 점도 라벨의 특징 중의 하나이다.

그 외에 무소르크스키의 피아노곡 「전람회의 그림(211페이지 참조)」을 오케스트라용으로 편곡한 곡도 유명하며, 그 곡은 오리지널보다도 더 많이 연주되었다.

라벨은 멜로디를 만드는 능력도 매우 뛰어났을 뿐 아니라 이처럼 편곡에도 재능이 있었다. 각 악기의 음의 특징을 숙지하고 이렇게 조합하면 이런 울림이 나온다는 것을 완벽하게 이해하고 있었던 것이다.

단순하면서도 심원한 곡

편곡에 대한 라벨의 재능이 가장 명확하게 나타난 곡이 「볼레로」이다. 이 곡은 클로드 르루쉬의 장편 영화 「사랑과 슬픔의 볼레로」에 등장하며, 구로사와 아키라가 감독한 「라쇼몽」에도 똑같이 쓰였다(지금 같으면 표절이라며 큰 소동이 일어났겠지만 이 영화가 만들어진 시대에는 그저 영향을 받았다고만 말하면 상관없었나 보다).

라벨 자신의 말에 의하면 「볼레로」는 자신이 만든 곡 중에서 '음악이라는 말이 무색할 정도의 걸작' 이라고 자평했다.

원래 볼레로는 스페인 민족음악의 하나로 플라밍고에서 파생된 4분의 3박자의 무도곡이다. 따라서 라벨이 작곡한 이 곡만을 볼레로라고 하지는 않는다. 볼레로는 일반명사이다. 그러나 라벨의 곡이 너무나도 유명해져 버렸기 때문에 일반적으로 '볼레로' 라고 하면 라벨의 곡을 말하는 것이라고 생각해도 좋다. 이 곡은 부탁을 받아 발레용으로 작곡한 곡이기 때문이다.

"딴, 따따따, 딴, 딴" 하는 리듬이 반복해서 작은북과 현악기로 연주되고, 거기에 솔로 관악기 등이 두 종류의 멜로디를 교대로 연주한다. 「라벨」의 음은 오로지 이것만이 반복된다. 그러다가 점점 악기가 늘어나서 마지막에는 오케스트라의 모든 악기가 장대하게 연주하다가 마치 풍선이 오므라들듯이 급속하게 끝을 맺는다.

단순하다면 단순한 구성이지만 사실은 치밀한 계산 하에 만들어진 구조이다. 그러나 한편으로는 계산하지 않은 자연스러움과 야성적인 면모도 느껴진다.

이 곡은 무엇을 표현하였는지, 어떤 감정이 흐르고 있는지, 해석 그 자체를 거부하는 곡이다. 그렇기 때문에 내막을 이해하려는 시도와 깊이 있는 해석이 동시에 이루어지고 있다.

브뢰겔이 1563년에 그린 「바벨탑」 작품으로 나선 모양으로 올라가는 것이 「볼레로」의 멜로디와 닮았다고 보는 학자들도 있다. 탑의 종축이 기울어진 것이 인간의 허영에 대한 경고이듯 9·11 테러를 예언한 것이라는 해석도 납득이 간다.

문화인류학자 중에는 라벨이 이 곡에 신화의 구조를 담았다고 말하는 사람이 있다. 또 한편으로는 기계화되어 단조로워진 현대사회와 언젠가 다가올 종말을 암시하고 있다고 해설하는 사람도 있다. 또는 같은 멜로디와 리듬이 반복되고 갖가지 음색과 음량이 변화하기 때문에 화가 브뤼겔이 그린 나선모양의 바벨탑이 연상된다는 견해도 있다. 이 견해를 더 확장시키면 바벨탑은 일순간 붕괴되어 사라지므로 이 곡이 9·11 테러를 예언하고 있었다는 해석도 가능해진다.

　　라벨이 말한 "음악이 없다"라는 발언은 더욱 의미가 깊다. 그 말의 의미는 "'이것이 음악의 종착역이다", "여기서 음악은 끝났다"인 것으로 해석할 수 있다. 또한 "베토벤에서부터 말러까지의 의미 있는 음악가가 「볼레로」에 의해 전면 부정되었다"라는 해석도 성립한다.

　　이처럼 「볼레로」는 여러 가지 깊이 있는 해석이 가능할 뿐만 아니라 클래식을 공부할 때도 유용하게 사용할 수 있다. 어느 악기가 어떠한 음을 내는가를 잘 알 수 있기 때문이다. 그러기 위해서는 음만 있는 CD보다는 콘서트에서의 연주를 녹화한 DVD가 좋다. 각 악기마다 솔로 파트가 있기 때문에 누가 능숙하며 누가 서툰지 바로 알 수 있기 때문이다. 간단하게 말해 오케스트라의 단원 입장에서는 깔볼 수 없는 곡이다. 반대로 말하면 단원 전체가 솔로주자로서 인정받는 높은 수준의 오케스트라가 연주한 곡을 듣지 않으면 이 곡의 진정한 묘미를 맛볼 수 없다. 그런 의미에서 카라얀이 지휘하는 베를린 필하모니의 연주를 능가하는 오케스트라는 없다.

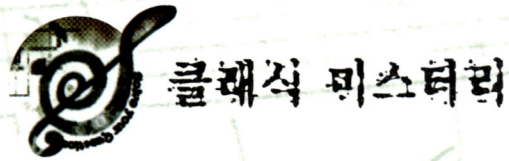

클래식 미스터리

「운명」에 감추어진 베토벤의 표절 의혹

베토벤의 교향곡 제5번인 「운명」은 클래식 음악 가운데서도 특히 유명한 곡 중의 하나이다. 그뿐인가! 음악 이외의 예술작품을 통틀어서도 이 작품에 대적할 만한 작품은 존재하지 않을지도 모른다. 「운명」 하면 누구나가 떠올리는 것이 "빠바바밤!" 하는 첫머리의 네 개 음이다. 대단히 인상이 강하기 때문에 겨우 네 개의 리듬 패턴에 따라 이 곡 전체를 만들었다고 해도 과언이 아닐 정도이다. 천하에 이름난 베토벤답게 이 멜로디도 당연히 그가 만들어 낸, 그만의 멜로디라고 생각하는 것이 보통인데, 사실 이 부분이 어딘지 모르게 의혹의 눈길을 받고 있다.

「운명」이 작곡되기 전, 프랑스혁명 시대에 활약한 작곡가 케루비니가 「판테온 찬가」에서 같은 선율을 사용했다는 것이다. 또한 베토벤의 할아버지의 악보에서도 같은 선율을 찾아볼 수 있다는 설도 있다.

음악의 세계에서는 앞서 만들어진 곡의 멜로디 등을 차용한 사례가 자주 있다. 베토벤은 멜로디를 차용하여 만든 작품이 많은 작곡가였다. 예를 들면 교향곡 3번 「영웅」의 제4악장에서 중심 주제가 되고 있는 선율은 본인이 작곡한 작품 「12개의 콘트르탄트contretanze」 중 14번의 7번째 곡에서 차용한 멜로디이다.

베토벤은 이 선율이 얼마나 맘에 들었던지 「영웅」을 작곡하기 전에도 2개의 곡에서 사용했고 그 다음 곡에도 사용하여 도합 4개의 곡에 이 선율을 사용하였다. 「영웅」의 첫머리에 관해서 말하자면 베토벤은 피아노 소나타 「정열」에서도 같은 선율을 차용하였다. 베토벤은 이렇게 생각난 선율을 본인 나름대로 편곡하여 몇 개의 곡에 차용하는

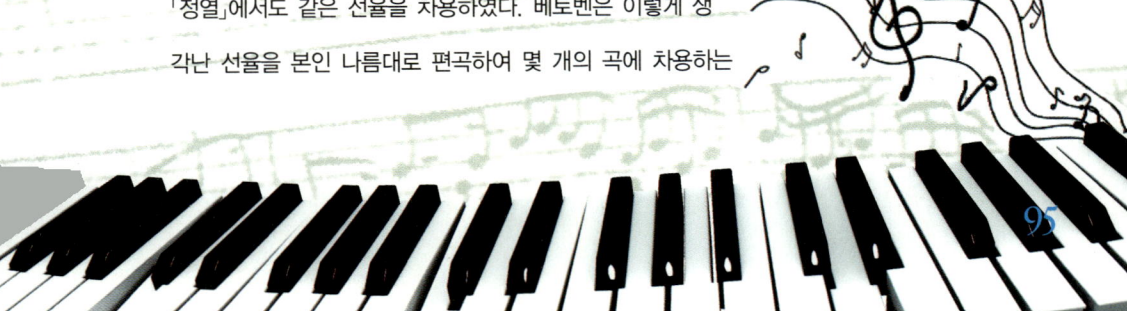

일이 자주 있었다. 자신이 생각해 낸 멜로디뿐만 아니라 때로는 어딘가에서 들은 적이 있는 곡에서 멜로디를 차용하는 것도 마다하지 않았다.

「영웅」의 첫머리도 할아버지의 악보를 보고 피아노로 쳐봤거나, 아니면 「판테온 찬가」를 듣고 기억에 남은 리듬을 자신의 입맛에 맞게 편곡하여 사용한 것인지도 모른다.

다만 그것이 사실이라 하더라도 「운명」과 같은 식의 차용은 베토벤 본인만의 착상이며 오늘날에도 그런 사례는 수없이 많다. 어찌됐든 「운명」이 명곡이라는 사실에는 변함이 없는 것이다.

잘나가는 슈베르트가 가난에 허덕인 이유

슈베르트는 31살이라는 젊은 나이에 죽었기 때문에 작곡가로 활동한 기간은 14년 정도에 불과하지만 그 짧은 기간에 놀랍게도 1000곡 이상의 작품을 작곡했다. 그 가운데 가곡이 600곡 이상이며 오늘날에는 "독일 가곡의 왕"이라고 불릴 정도이다.

그의 악보가 처음으로 출판된 것은 1821년, 그의 나이 24살 때였으며 그 후 많은 곡이 출판되었다. 히트를 친 작품도 적지 않았던 것을 보면 당시 인기 작곡가였음은 틀림이 없다.

그런데도 슈베르트는 무척 곤궁했고, 평생을 가난에 시달렸다. 재산이 없기 때문에 결혼도 할 수 없었으며 자기 집을 갖지 못했고 장사 도구였을 피아노조차 살 수 없을 정도였다. 그런 곤궁한 생활상은 그의 유품 목록을 통해서도 잘 알 수 있다.

슈베르트의 유품은 의료품과 모포, 고악보 등이 있었는데 다 합해서 63플로린(네덜란드 화폐단위) 정도의 값어치밖에 안 되었다. 최하급으로 치러진 그의 장례식 대금이 묘지와 매장 비용을 포함하여 198플로린이었다고 하니 전 재산을 통틀어도 장례 비용의 3분의 1에도 미치지 못했다.

생전부터 악보가 잘 팔렸고, 특별히 낭비벽이 있지도 않은 슈베르트가 왜 그 정도로 가난했을까? 「마왕」이나 「송어」의 작곡가로 사람들에게도 널리 알려진 인물인 만큼 그의 가난한 생활상은 커다란 수수께끼이다.

일본의 시토리 에하치로 씨는 「정정 대음악가의 초상과 생애/음악지우사」에서 슈베르트의 빈곤의 원인을 사람이 너무 좋았다는 데서 찾고 있다. 슈베르트는 매우 겸손하고 욕심이 없으며 지위와 명예, 돈에 집착하지 않고 오로지 작곡에만 매달렸다고 한다. 시간만 있으면 작곡을 하는, 뿌리부터 음악가였던 것이다. 그 때문에 악보가 팔려도 출판사와 제대로 교섭을 하지 않아 이익은 출판사의 몫이 되기 일쑤였다. 그의 수중에는 참새 눈물만큼의 금액밖에 들어오지 않았던 것이다. 그래도 슈베르트는 충분히 만족했다고 한다.

하지만 이러한 점에 대해 츠지 소이치 씨는 「정정 대음악가의 초상과 생애/음악지우사」에서 다른 견해를 피력하고 있다. 슈베르트가 오페라 분야에서 성공을 하고 싶어 했다는 것이다. 앞서 말한 대로 그는 600편 이상의 가곡을 작곡했다. 하지만 그러한 열정을 쏟은 데 반해 가사를 고르는 센스가 많이 부족했다. 그 당시 오페라 작곡이 유행이었다는 점 등을 고려해 볼 때 오페라에서 성공을 꿈꾸고 있었지만 그것이 생각대로 되지 않았던 것이 아닐까 하는 점이 의문으로 남아 있는 것이다. 슈베르트가 진심으로 가곡을 작곡하기를 좋아했던 사람이었는지, 그렇지 않으면 오페라에서의 성공을 꿈꾸었는지는 여전히 수수께끼로 남아 있다.

02

나도 모르게 듣고 있는 유명한 곡

영화, 드라마, 광고 등에서 자주 사용되고 있는 수많은 클래식 명곡을 모았다.
작곡가나 제목은 몰라도 멜로디를 들으면 "그 곡이구나" 하고 생각이 날 것이다.
제목을 알았다면 이제 곡의 배경까지 조사해 보면 더욱 재미있어진다.
영화와 드라마의 작가가 그 곡을 선택한 이유도 생각해 보자.

리처드 게오르그 슈트라우스

차라투스트라는
이렇게 말했다(1896년)

리처드 게오르그 슈트라우스
(1864~1949년)

독일의 작곡가로 후기 낭만파에
서 근대에 걸쳐 활동했다. 작품
으로 가극 「살로메」, 「장미의 기
사」, 교향시 「돈 주앙」, 「영웅의
생애」, 「차라투스트라는 이렇게
말했다」 등이 있다.

영화 「2001년 우주여행」으로 유명해진 곡

영화에 사용된 클래식으로 반드시 소개되는 곡이 스탠리 큐브
릭감독의 「2001년 우주여행」에서 사용된 「차라투스트라는 이렇게 말했
다」이다. 태양과 지구와 달이 일직선으로 서 있을 때 울리는 이 곡은 오
르간의 저음과 트럼펫의 고음이 잘 어우러져 있다. 이 곡은 그 이전에도
엘비스 프레슬리가 무대에 등장할 때 사용하곤 했다.

이렇게 하여 「차라투스트라는 이렇게 말했다」는 유명해졌다.
잘 알려진 멜로디는 영화에서 사용된, 첫머리의 몇 부분뿐이지만 전체는
곡을 다 연주하면 35분 정도 걸리는 길이이다. 오케스트라가 연주하지
만 교향곡이 아니라 교향시이다. 그런데 시라고는 하나 가사가 있는 것
은 아니다. 이 부분이 가장 까다로운 부분이다.

교향곡이 원칙적으로 표제가 없는 것과 반대로 교향시는 표제

가 있는 것이 원칙이다. 일종의 테마가 있고 그것을 표현한 것이 교향시이다. 이 곡은 같은 제목을 가진 니체의 저서에 영향을 받은 작품이다. 차라투스트라는 조로아스터교의 교주인 조로아스터의 독일어 발음이다. 니체는 책에다가 영겁회귀 사상에 대한 이야기를 썼다. 그러나 이 교향시는 니체의 철학서를 음악화한 곡이 아니다. 그저 책에 자극받은 정도일 뿐 작곡가는 "인류의 기원과 종교와 과학 등의 갖가지 진화 그리고 니체가 초인사상에 도달하기까지의 과정을 그렸다"고 설명하고 있다. 그야말로 영화「2001년 우주여행」그 자체이다.

　　작곡가 리처드 슈트라우스는 독일의 작곡가로 19세기 말부터 20세기 중반까지 활약했다. 슈트라우스라는 성을 가진 작곡가로는 그 외에도 요한 슈트라우스가 있기 때문에 그의 이름은 '리처드 슈트라우스' 또는 'R · 슈트라우스'라고 기록하는 것이 약속처럼 이루어졌다.

나치스와의 미묘한 관계

　　R · 슈트라우스는 오페라와 교향시의 전문가였다. 음악 사조에 따라 구별하면 바그너의 직계라고 할 수 있다. 그는 교향시를 완성시켰을 뿐 아니라 낭만파 오페라를 최고 수준으로 끌어올리기도 했다. 그밖에 교향시로는「영웅의 생애」,「돈키호테」,「죽음과 변용」등의 작품이, 오페라로는「살로메」,「장미의 기사」등이 유명하다.

　　R · 슈트라우스를 언급할 때 피해갈 수 없는 것이 나치스와의 관계이다. 1933년에 나치스가 정권을 잡자 독일 정부 내에는 제국음악원이 생겼다. 히틀러가 음악을 좋아했기 때문에 정부는 음악행정에 힘을 쏟고 전국의 음악가와 오페라극장, 오케스트라를 관리하는 정부 직속의 기관을 만들었다. 그 기관의 수장인 총재에 취임한 사람이 R · 슈

살로메는 신약성서에 나오는 헤롯 왕의 의붓 딸이다. 그녀는 헤롯 왕의 형수 헤로디아가 헤롯 왕과 재혼을 하자 이를 비난하고 나선 세례 요한의 목숨을 요구한다. 그림은 터키국립극단의 연극 「살로메」의 리허설 장면이다.

트라우스였다.

그러한 위치에 있었기 때문인지 R · 슈트라우스는 동맹국이었던 일본을 위해 「일본제국 기원 2600년 축전음악」이란 것을 작곡했다. 하지만 나치와 동맹을 맺었던 사실은 일본인들도 잊고 싶어 하는 기억이기 때문에 지금은 거의 연주되지 않고 있는 곡이기도 하다.

R · 슈트라우스는 나치당원이 아니었고 정부 방침에 반대하여 총재에서 해임당한 일도 있어서 전후 나치 협력자가 재판을 받을 때도 무사했다. 위대한 음악가로서의 그의 명예는 지켜졌고 그는 1949년에 영광스러운의 생애를 마쳤다.

R · 슈트라우스는 카라얀이 자주 공연했던 작곡가 가운데 한 사람이다. 이 곡도 즐겨 연주하던 곡이므로 안심하고 들으면 된다.

요한 슈트라우스

아름답고
푸른 도나우(1867년)

요한 슈트라우스(1825~1899년)
오스트리아의 작곡자이자 지휘자로 동명의 아버지 뒤를 이어 왈츠의 왕이라고 불린다. 직접 작곡한 무도곡을 주요 레퍼토리로 하여 유럽 각지에서 연주를 했으며 작품으로 「아름답고 푸른 도나우」, 「빈 숲속의 이야기」, 오페레타 「박쥐」, 「집시 남작」, 「황제」 등이 있다.

광고 등의 배경음악으로 종종 사용되는 아주 유명한 곡

「2001년 우주여행」의 첫 부분을 보면 「차라투스트라는 이렇게 말했다」가 흐르는 가운데 원숭이 인간들이 서로 싸우다 그중 하나가 뼈를 공중에 던지는 장면을 볼 수 있다. 그리고 그것이 우주선의 영상과 겹쳐지며 음악도 차분한 왈츠로 바뀐다. 왈츠는 넓은 공간에서 빙글빙글 돌면서 추는 춤을 말하는데, 스크린에서는 왈츠곡에 맞추어 우주정거장이 천천히 회전한다. 그때 나오는 왈츠곡이 바로 「아름답고 푸른 도나우」이다. 작곡가는 요한 슈트라우스이다. 즉, 슈트라우스에서 슈트라우스로 바뀌는 재치 넘치는 상황인 것이다.

「아름답고 푸른 도나우」는 그 제목대로 빈을 관통하며 흐르는 도나우 강을 떠오르게 하는 비엔나 왈츠곡의 대표 곡이다. 매년 설날 아침, 전 세계로 생중계되는 새해 콘서트에서도 빈 필하모니에 의해 반드시 연주되는 곡이다. 「아름답고 푸른 도나우」를 듣지 않으면 새해가 온 것 같지 않은 것 같다는 사람이 전 세계에 수백 만 명은 있을 것이다.

새해 콘서트는 티켓 값이 세계에서 가장 비싼 콘서트이다. 들은 얘기지만 한 좌석에 500만 원 정도의 암표 가격이 붙을 정도다. 그런데 가격을 이렇게 끌어올려 버린 주범이 일본인이라는 것이 전 세계의 평판이다.

빈 필하모니는 상임 지휘자를 두지 않고 콘서트마다 지휘자를 골라 불러온다. 그중에서도 새해 콘서트의 지휘를 맡는다는 사실은 명예로운 일로 여겨지고 있는데, 2002년에는 오자와 세지가 일본인 최초로 지휘를 맡았다. 매년 NHK가 BS와 교육방송에서 생방송하고 있는데 2002년에는 공전의 시청률(클래식으로서는 높았다는 의미)을 기록하며 재방

헝가리 부다페스트 앞으로 유럽에서 두 번째로 긴 도나우 강이 흐르고 있는 모습이다. 도나우 강은 중요한 국제 수로로 통과하는 나라만도 10여 개가 넘는다.

송까지 되었고 라이브녹음 음반은 일본에서만 100만 장 가깝게 팔렸다. 일본 클래식 업계에서는 만 장만 팔려도 큰 사건이므로 이것은 초대형 사건이었다. 새해 콘서트에서 연주된 비엔나 왈츠의 대부분이 요한 슈트라우스 부자가 작곡했던 곡이다.

아버지는 왈츠의 아버지, 아들은 왈츠의 왕

요한 슈트라우스 부자(유럽과 미국에서는 부자인데도 성명이 모두 같은 예가 있다)가 활약한 곳은 19세기의 빈이다. 아버지는 1804년생이며 소년 시절부터 악단에서 연주를 하였고 작곡에도 손을 댔다. 그는 1849년에 45살의 나이로 죽을 때까지 150곡의 왈츠와 「라데츠키 행진곡」 등의 행진곡을 작곡하였으며 '왈츠의 아버지'라고 불린다.

뒤를 이은 아들은 1825년생으로 '왈츠의 왕'이라고 불린다. 그도 음악가가 될 운명으로 태어났지만 처음에는 아버지의 희망 때문에 은행가를 목표로 한다. 그러나 아버지가 이웃 여자와 함께 집을 나가 버렸기 때문에 빠른 시간에 돈을 벌기 위해 음악가가 된다. 그런데 아버지가 "이곳은 내 밥그릇이다"라며 빈에서는 연주하지 못하도록 했다. 그래서 지방을 순회하며 연주했는데, 머지않아 아버지가 죽자 자신의 악단과 아버지의 악단을 통합한다.

그 후에는 사업가로서의 재능도 발휘하여 콘서트 기획 일을 하는 등 빈의 음악업계에서 군림하다가 1899년에 사망한다. 왈츠의 왕은 작곡가로서도 아버지를 능가했다. 「아름답고 푸른 도나우」 등 약 150곡의 왈츠 곡 이외에도 400여 곡을 작곡했다. 또 「박쥐」, 「집시 남작」 등의 오페레타(코믹한 오페라)도 남겼다.

그렇다고는 하지만 요한 슈트라우스 부자의 왈츠를 듣기 위해

요한 슈트라우스의 오페레타
「박쥐」의 극중 한 장면이다.

티켓 값으로만 수백 만 원을 들이고 빈으로 가는 왕복여비와 숙박비(입고 갈 옷 값도)까지 거액의 돈을 쓰는 것이 과연 가치가 있는 일일까? 솔직히 잘 모르겠다.

　　왈츠란 춤을 추기 위한 음악이다. 솔직히 말하면 디스코장에서 흐르는 음악과 사회 구조학적으로는 닮아 있다. 궁전의 넓은 공간에서 정장 차림으로 춤을 추느냐, 디스코장에서 캐주얼한 복장으로 춤을 추느냐의 차이일 뿐인 것이다. 하지만 그 차이는 실로 하늘과 땅 차이다.

　　댄스음악에서 시작한 재즈가 듀크 엘링턴 시대에 "댄스를 위한 연주는 싫다"며 댄스홀에서 독립하여 고생 끝에 간신히 예술로서 인정받은 역사를 생각하면, 설령 비엔나 왈츠라 해도 무도곡에 굉장한 가치가 있다고는 생각하지 않는다. 왈츠를 추지 못하는 사람의 자격지심일지도 모르지만 말이다.

　　카라얀은 베를린 필하모니의 음악감독으로 35년간이나 있었지만 때때로 빈 필하모니의 지휘도 하였고(어느 쪽의 오케스트라가 좋은가의 질문에 "본처와 애인 중 어느 쪽이 좋은지 묻는 것과 같다"라고 대답했다) 새해 콘서트에도 말년에 한 번 등장했다. 그때의 라이브 음반이 있는데 물론 「아름답고 푸른 도나우」도 그 안에 담겨 있다.

말러
교향곡 제5번 (1904년)

구스타프 말러(1860~1911년)

말러는 "교향곡은 하나의 세계와 같이 모든 것을 포함해야 한다"는 생각에 따라 작곡을 하였다. 그는 자신의 교향곡 일부에 니체와 괴테의 철학, 중세 종교의 상징주의와 영성을 표현하는 가사를 사용했으며 그러한 작품들은 세계 주요 심포니 오케스트라의 기본 레퍼토리의 한 부분을 차지했다.

영화 「베니스에서 죽다」로 친숙한 교향곡

말러의 교향곡 중에 제5번은 제목이 없다는 점 때문에 평범한 존재였지만, 루키노 비스콘티 감독의 영화 「베니스에서 죽다」에 사용되자 단숨에 유명해졌다.

영화 「베니스에서 죽다」는 미청년에게 이끌린 음악가가 결국 목숨을 바친다는 이야기를 탐미적으로 그린 작품이다. 원작 토마스 만의 소설을 각색한 것으로 주인공은 작가였다. 그런데 왜 비스콘티 감독은 주인공을 음악가로 바꾸고 말러의 곡을 사용한 것일까?

사실 말러와 토마스 만과는 친분이 있고 소설 속 작가는 말러를 모델로 한 인물이라는 이야기가 있다. 하지만 말러에게 동성애적인 사건이 있었다는 사실을 나타내는 기록은 아무데도 없으며 토마스 만은 어디까지나 주인공의 이미지만을 말러에게서 빌려온 것에 불과한 것 같다.

제9번까지 완성한 말러의 교향곡 가운데 중간 지점에 위치한 5번은 1901년에 착수하여 1904년에 초연되었다. 이 곡은 말러의 20세기 첫 작품이다. 자유분방한 여성 화가였던 알마와 만나 결혼할 때쯤에 작곡되었다.

사랑과 환생을 드라마틱하게 묘사

교향곡 제5번으로 말하자면 베토벤의 「운명」이 너무도 유명하다. 말러는 지휘자이기도 했기 때문에 당연히 「운명」을 수차례 지휘했을 것이다.

제1악장 첫머리, 트럼펫이 울려 퍼진다. 멜로디는 「운명」과는 전혀 닮지 않았지만 "따라라란" 하는 그 리듬은 「운명」의 "빠바바밤"과 같다. 이는 베토벤을 향한 경의의 표현으로 추측된다.

베토벤의 곡은 운명이 문을 두드리며 시작하는데 반해 말러의 곡은 장송행진곡으로 시작한다. 제1악장 첫머리의 트럼펫은 애도의 나팔이다. 행진곡이라고는 하지만 군대의 행진을 표현한 것이 아니므로 발걸음이 제대로 보조를 맞추지 못하고 혼란스럽다. 너무 슬픈 나머지 비틀거리는 듯한 느낌도 든다. 제2악장은 태풍처럼 시작한다. 실제로 "태풍처럼 거칠게" 연주하라는 지시가 있다. 이 두 악장이 제1부에 해당하며, 따로 표시되어 있지는 않지만 틀림없이 죽음을 표현하고 있다.

제3악장은 갑자기 싹 바뀐다. 이 곡은 빈 풍의 무곡을 기본으로 하고 있다고 알려진 조금 관능적인 곡이다. 방금 전까지 흐르던 죽음의 이미지는 온데간데없어져 버린다.

다음은 영화와 드라마에 자주 사용되던 제4악장으로 넘어간다. 아다지에토(아주 느리게)라는 연주 지시가 있는 악장으로 현악기와 하프

작곡가 말러의 아내 알마 말러는 말러와의 결혼 뒤에도 두 번 더 결혼을 했으며 교류하던 남자들이 많았다. 대표적으로 화가 코코슈가와 클림 트와의 만남이 유명한데 그림은 코코슈가가 알마와의 영원한 사랑을 갈구하며 그린 그림이다.

만으로 연주되는, 무척 애달픈 애상을 띤 곡이다. 이런 느낌이 드는 이유는 말러가 아내인 알마에 대한 마음을 곡에 담았기 때문이라는 해석이 정석으로 받아들여지고 있다. 요컨대 뒤끝이 깔끔하지 않은 사랑의 시인데 상대를 향해 큰 소리로 "사랑해!"라고 외치지 않고 "나는 왜 그녀를 이렇게도 사랑하는 것일까!"라고 자문자답하고 있는 것 같은 사랑의 시이다.

그리고 마지막 제5장에서는 갑자기 음이 고조되어 압도적인 박력이 느껴진다. 즉, 죽음에서 시작하며 성과 사랑을 거쳐 삶으로 환생하는 이야기가 펼쳐지는 것이다. 다만 무엇이 죽고 무엇이 환생하는가는 스스로 생각할 수밖에 없다.

이 곡은 카라얀이 녹음한 최초의 말러 교향곡이기도 하다. 그때까지 말러를 경원시하던 카라얀이었지만 유행에 뒤처지면 안 되겠다고 생각한 것 같다. 결과적으로는 그때까지만 해도 감정이 앞섰던 연주와는 달리 아름답고 섬세한 곡이 만들어졌고 보기 좋게 베스트셀러가 되었다.

발퀴레의 행진 (1856년)

윌헴 리차드 바그너(1813~1883년)

독일 출신의 작곡가로 악극의 창시자이다. 작품으로 가극 「방황하는 네덜란드인」, 「탄호이저」, 악극 「트리스탄과 이졸데」, 「뉴른베르크의 명가수」, 「니벨룽겐의 반지」 등이 있다.

Wilhelm Richard Wagner

영화 「지옥의 묵시록」 덕분에 유명해진 곡

코폴라의 영화 「지옥의 묵시록」에는 디 도어스의 「The End」나 롤링 스톤즈의 「만족」 등 록의 명곡도 나오지만 뭐니 뭐니 해도 강한 인상을 남긴 곡은 미군 헬리콥터 부대가 베트남의 농촌을 공습하는 장면에서 나온 「발퀴레의 행진」이었다. 이 곡은 바그너의 악극 「발퀴레」에서 등장하는 곡이다.

영화에서 클래식 음악이 사용되는 경우에는 두 가지 유형이 있다. 하나는 순수하게 배경음악으로 사용되는 경우로 관객에게는 그 곡이 들리지만 극중의 인물들에게는 들리지 않는 경우이다. 「베니스에서 죽다」에서 쓰인 말러의 곡은 이 유형에 해당한다. 또 하나의 유형은 드라마 속에서 흐르고 있는 경우로, 예를 들면 폴란스키 감독의 「피아니스트」에서 나오는 쇼팽의 곡은 주인공이 연주하고 있으므로 당연히 극중

독일 반프리트(바그너 기념관)에서 공상에 젖어 있는 바그너를 화가 렌바하가 묘사한 그림이다.

인물들에게도 들린다.

「지옥의 묵시록」에서 코폴라는 두 유형을 효과적으로 병행했다. 로버트 듀발이 연기한 미군 사령관이 헬리콥터에 오디오 장치를 가지고 올라타서 큰 소리로 틀었던 곡이 바로 바그너의 이 곡이다. 처음에는 베트남 상공에서 흐르고 있는 자연음의 하나로서 들렸지만 중간부터 헬리콥터의 소리 등이 사라지는 극중 인물의 시점(청점이라고 볼 수 있겠다)과는 관계없이 배경음악으로서만 영화관에 울려 퍼졌다.

영화 덕분에 이 곡은 대단히 공격적이면서도 어떤 의미에서는 광기조차 느껴지는 듯한 인상을 가지게 됐다. 분명 원래 그러한 요소가 없었다고는 말할 수 없지만 실제 오페라에서는 공격적인 장면의 곡이 아니다. 오히려 그 반대라고 할 수 있다.

코폴라 감독이 노린 것

「발퀴레」는 CD로 4장이 수록되는 연주 시간이 4시간 이상인 대작이다(그리고 전부 4부작이나 되는 초대작 「니벨룽겐의 반지(295페이지 참조)」의 두 번째 작품에 해당한다). 극장에서 보는 경우는 막간의 휴게 시간이 있기 때문에 6시간 가까이 걸린다. 그중 제3막의 첫머리가 「지옥의 묵시록」에서 나왔던 부분이다.

발퀴레란 신들 중의 신과 지혜의 여신 사이에서 태어난 아홉 명의 딸들을 가리키는데 전투의 여신이기도 하다. 그들은 하늘을 자유자재로 날아다니는 말을 타고 다니며 전쟁터에서 어느 영웅을 이기게 하고 누구를 지도록 할 것인지를 결정한다. 게다가 부상당한 전사들을 성으로 나르는 일도 그녀들이 하는 일이다.

「지옥의 묵시록」에서는 공격하러 가는 장면에 나오지만 오리지널 오페라에서는 전쟁이 끝나고 부상당한 전사를 성으로 나르고 있는 장면에 나온다. 영화의 첫머리에 「The End」란 문구를 내보낸 것과 마찬가지로 정반대의 상황에 이 곡을 쓴 것이다. 감독 코폴라는 왜 이 장면에 「발퀴레의 행진」을 사용한 것일까? 이 곡은 극중에서는 미군의 지휘관이 즐겨 들었다는 설정을 가지고 있다. 그렇다면 그 지휘관이 미군의 패배를 예감하고 있었음을 표현하고 싶었기 때문일 수도 있다.

　　「지옥의 묵시록」에서 사용한 곡은 솔티가 지휘하고 빈 필하모니가 연주한 곡이지만 카라얀도 이 곡을 녹음했다. 그러나 4장으로 제작된 음반을 전부 산다면 모두 듣지 않을 수도 있어 위험부담이 크다. 그보다는 「니벨룽겐의 반지」의 하이라이트판이 나와 있으므로 그것을 먼저 듣는 것이 현명할 것 같다.

바그너의 악극인 「니벨룽겐의 반지」와 움베르트 에코의 소설 「장미의 이름」의 배경으로 유명한 스티프트 수도원이다. 11세기부터 베네딕토파 수도사들의 집으로 활용되고 있다.

로시니

「윌리엄 텔」 서곡(1829년)

지오아키노 안토니오 로시니
(1792~1868년)

이탈리아의 작곡가로 오페라 부파(희극적인 이탈리아 가극)로 성공하여 이름이 알려졌으며 38곡의 오페라를 비롯하여 칸타타와 피아노곡 등 여러 부문의 곡을 많이 만들었다. 작품으로 「세비야의 이발사」, 「윌리엄 텔」, 종교곡 「스타바트 마테르」 등이 있다.

운동회의 배경음악으로 친숙한 곡

　　지금까지는 영화에서 사용된 곡을 주로 소개해 왔는데 원래 영화와 클래식은 궁합이 맞다. 둘 모두 오페라가 선조이기 때문이다. 클래식은 오페라에서 반주를 맡았던 오케스트라가 독립하면서 발달시킨 장르인데 '음악이 딸린 극'의 직계 자손이 바로 영화이다. 세상에 음악 없는 극영화는 없다는 사실이 그 증거이다. 영화나 TV드라마를 보면 이야기가 시작하기 전에 타이틀이 뜨면서 음악이 흐르는데 그것은 오페라의 서곡을 기원으로 한다.

　　오페라에 서곡이 필요하게 된 이유는 지각하는 사람을 위해서이다. 어느 시대, 어느 나라, 어느 극장에서도 지각하는 사람은 있다. 그러나 지각하는 사람 때문에 미리 와서 자리에 앉아 있는 사람을 기다리게 할 수는 없기 때문에 서곡을 생각해 낸 것이다. 본편을 시작하기 전,

10분 정도 서곡을 연주하면 이미 자리에 앉아 있는 손님도 따분하지 않고 지각하는 사람도 이야기의 첫 부분부터 볼 수가 있다.

오페라의 서곡은 드라마의 전체 내용을 암시하기도 하고 본편에서 부를 멜로디를 사전에 소개하는 역할도 한다. 그야말로 영화 타이틀의 배경음악과 똑같다. 그리고 「태양은 가득히」나 「에덴의 동쪽」 등의 주제곡이 본 영화에서 독립하여 명곡으로 사랑받고 있는 것처럼 오페라의 서곡도 본편에서 독립하여 명곡이 된 것이 있다. 그중에는 본편은 좀처럼 상연되지 않는데 반해 서곡만이 명곡으로 남은 것도 있다. 그 대표적인 예가 로시니의 「윌리엄 텔」 서곡이다.

맛있게 입맛을 다시고 있는 로시니를 캐리커쳐한 것으로 은퇴 후 대단한 식도락가가 된 그는 직접 요리를 배워 요리에 관한 책을 출간하기도 했다.

로시니는 모차르트가 죽은 다음 해인 1792년에 그야말로 세대 교체하듯이 이탈리아에서 태어났다. 아버지는 금관악기 연주자였고 어머니는 오페라 가수였다. 태어날 때부터 음악가의 기질을 갖고 있었던 것이다. 12세에 작곡을 시작했다고 하니까 신동이라고 볼 수 있겠다. 1810년, 18세 때 오페라 작곡가로 데뷔했으니 그는 확실히 천재가 맞을 것이다. 이후 로시니는 20년 동안 37편의 오페라를 작곡했다. 속필로 다작의 작곡가였기 때문에 젊은 나이에 거장이 되었다. 그리고 돈을 모을 만큼 모았고 완성된 작품이 상연될 때마다 받는 로열티 수입도 있었기 때문에 "이제 됐다"면서 37세의 젊은 나이에 은퇴를 해 버렸다.

신동이자 천재인 사람은 자주 있지만 거기에 영업 능력까지 있고 세상 물정에 밝으며 재산 축재와 자산 운용에도 뛰어났다는 점에서 로시니는 희한한 예술가이다.

은퇴 후에는 사적인 연주를 위해서 피아노곡, 성악곡을 쓰는 정도로만 작품 활동을 했고 그 외 시간에는 자나 깨나 여행과 미식에 빠져 살았다. 그는 76세에 사망했는데, 평생을 돌이켜보면 말할 수 없이 부러운 인생이었다. 갖은 고생을 겪으면서 운명과 격투를 벌였던 베토벤이 로시니의 인기를 분하게 여겼던 것도 무리는 아니다.

하지만 로시니의 작품 중 현재에도 연주되고 있는 오페라는 「세비야의 이발사」 외에 몇 곡밖에 없으니, 작품의 생명력 면에서는 베토벤이 단연 압승이다. 로시니 작품 가운데 가장 유명한 작품이 「윌리엄 텔」 서곡이다. 기운차고 힘이 솟는 곡으로 운동회에서도 자주 사용된다.

지휘자의 동작에도 주목할 만한 곡

「윌리엄 텔」은 오페라로서는 로시니의 최후의 작품이다. 13세기 말, 스위스 독립운동에서 활약했던 용사들을 그린 실러의 희곡이 원작이다. 아들의 머리 위에 사과를 올려놓고 그 사과를 화살로 쏜 일화가 잘 알려져 있다.

「윌리엄 텔」 서곡은 12분 전후나 된다. 오페라가 4막이므로 서곡도 「새벽」, 「태풍」, 「고요함」, 「스위스 군대의 행진」 이렇게 4개의 파트로 나뉘어 있다. 운동회를 통해 친숙해진 부분은 마지막 곡인 「스위스 군대의 행진」에 나오는 부분이다. 그 외에 「태풍」도 드라마나 다큐멘터리에서 그야말로 폭풍 같은 장면의 배경음악으로 들었던 기억이 난다.

로시니의 곡은 크레센도가 최대의 특징이다. 작은 소리로 연주하다가 점점 크게 연주하는 기법이 크레센도이다. 지휘자는 처음에는 몸짓과 손짓을 통해 "작게, 작게"라고 지시하다가 점차 동작을 크게 하기 시작한다. 그리고 마지막에 음악이 고조되면 뛰어 오르기도 한다. 「윌리엄 텔」 서곡의 마지막에서도 로시니의 크레센도를 충분히 맛볼 수 있다.

카라얀의 음반에는 오페라의 서곡만을 모은 음반이 있는데 그것에는 「윌리엄 텔」 서곡도 수록되어 있다. 카라얀은 심각한 고향곡이든, 가벼운 곡이든 마찬가지로 항상 자신만만해 했다. 그런 점이 장사 수완이 뛰어나다고 비판받은 이유이기도 하다.

독일 배우들이 로시니의 「빌헬름 텔」 공연을 위해 바이마르 국립극장에서 리허설을 하고 있는 모습이다.

홀스트

혹성 (1917년)

히트곡「주피터」의 원곡

　　서문에서 소개한 히라하라 아야카가 부른「주피터」의 원곡이「혹성」이다. 홀스트는 영국의 작곡가이다. 클래식 작곡가의 세력 다툼에서 영국과 프랑스는 독일과 이탈리아에 비해 압도적으로 불리하다. 특히 영국은 셰익스피어의 작품이 수많은 오페라의 원작이 되고 있지만 위대한 작곡가는 얼마 없다. 그중에서 엘가와 어깨를 나란히 하는 유명한 영국인 작곡가 홀스트이다. 그는 1874년에 태어나 제2차 세계대전 직전인 1934년에 사망했다. 아버지가 음악 교사, 어머니가 피아니스트인 가정에서 태어났기 때문에 예정된 음악가의 길을 가게 되었다고 할 수 있다. 자신도 음악 교사로서 일생을 보냈으며 여가 시간에 작곡을 했다.

　　홀스트는「혹성」이외에도 많은 곡을 남겼는데 정작 유명한 곡은 이 곡밖에 없다.「혹성」은 모음곡의 전체 타이틀로「화성」,「금성」,

「수성」, 「목성」, 「토성」, 「천왕성」, 「해왕성」의 7곡으로 구성되었다. 작곡한 시기는 1914년부터 17년에 걸쳐서 작곡하였고 지구를 뺀 태양계 모두를 표현했다(당시, 명왕성은 아직 발견되지 않았다).

신화와 점성술을 모티브로 한 명곡

NASA의 화성탐사 뉴스가 나오면 반드시 흐르는 곡이 7곡 중에서 「화성」이다. 처음에 작곡되었던 「화성」은 제1차 세계대전과 제2차 세계대전 당시 뉴스에서 전차가 전진하는 영상이 나오면 단골로 배경음악에 사용되었다고 한다. 왜냐하면 화성은 서양에서는 마르스라고 부르는데, 마르스는 "전쟁의 신"에서 유래한 말로 곡 자체도 전쟁을 떠오르게 하기 때문이다.

「혹성」의 각 곡에서 그려지고 있는 혹성들의 모습은 「화성」에서처럼 천문학적인 의미에서의 그 모습이 아니다. 홀스트가 기초로 한 것은 그리스 신화와 서양 점성술에서 그리고 있는 각 혹성의 이미지이다. 이 곡이 작곡됐을 때 인류는 화성은 물론 달 표면 사진조차 보지 못하고 있었다. 따라서 사람들이 혹성에 대해 품는 이미지는 그리스 신화에 나오는 신들의 이름에서 연상한 모습밖에 없었다.

순서대로 살펴보면 「화성」 다음에 오는 「금성」은 영어로 비너스인데, 비너스는 미의 여신이기도 하고 평화를 가져오는 존재이기도 하다. 그래서 곡도 그에 어울리도록 넋을 잃을 만큼 아름답다. 「수성」은 머큐리로 별명은 헤르메스이다. 신화에서는 장사・도둑・도박・경기・나그네의 수호신인데 홀스트가 표현한 모습은 날개가 있는 행운의 사자로서의 머큐리이다. 「목성」은 주피터로 신들 중의 신, 제우스의 별명이기도 한데, 이 곡에서는 '쾌락을 가져오는 존재'로서 표현된다. 태

그리스 신화에 나오는 전쟁의 신 아레스로 로마 이름은 마르스이다. 거칠고 사나워서 모든 신들이 그를 싫어했는데 유독 비너스 여신만이 그를 사랑해 주었다.

양계 최대의 혹성에 어울릴 만한 스케일이 큰 곡이다.

「토성」은 새턴으로 악마, 마왕이라는 뜻이다. 여기서는 '노년을 불러오는 존재'의 이미지이다. 「천왕성」은 우라노스로서, 신화에서는 최초로 세계를 지배한 신으로 나온다. 하지만 나중에 자식에게 지배권을 빼앗겨 버리는데 여기서는 마술사의 이미지다. 그리고 「해왕성」은 넵투누스로, 별명은 포세이돈이다. 바다의 신인데 여기서는 신비를 가져오는 존재로 그려졌다. 마지막 곡인 「해왕성」은 신비스러운 여성 합창으로 구성되어 「우주전함 야마토(1974년 일본 요미우리 TV에서 방영된 공상과학물 애니메이션 시리즈)」의 캐릭터인 이스칸달의 테마 곡이 생각나게 한다. 물론 야마토가 흉내를 냈거나 영향을 받았을 것이다.

「혹성」은 1960년대 카라얀이 출판한 레코드에 의해 단숨에 유명해졌다. 그 무렵 카라얀은 빈 국립오페라극장 음악감독의 자리에 있었다. 오페라극장에서는 발레공연도 했는데 「혹성」을 발레로 만든 작품이 상연되었고 카라얀이 지휘했다. 이 음반은 그 공연과 제휴하여 녹음한 레코드였던 것으로 보인다. 스테레오라는, 당시로서는 새로운 녹음 방식에 어울리는, 음색이 풍부하고 화려한 곡이라는 점과 때마침 미국과 소련이 벌인 우주개발 경쟁으로 로켓을 빈번히 쏘아 올려 시대 배경과도 일치되어 큰 히트를 쳤다. 이후에 레코드 가운데 명곡으로서 많은 지휘자가 녹음하였지만 콘서트에서는 별로 연주하지 않았다.

차이코프스키

백조의 호수(1876년)

표토르 일리치 차이코프스키
(1840~1893년)

러시아의 작은 마을에서 광산 엔지니어의 아들로 태어난 그는 5세부터 피아노 수업을 시작하여 천부적인 재능을 인정받았다. 그는 어릴 적부터 비정상적인 면을 보였는데 자신의 음악만큼이나 다정다감하고 섬세한 사람이었다.

발레하면「백조의 호수」

발레「백조의 호수」하면 일단 모르는 사람은 없으리라 믿는다. 콩트에서 발레 장면이 필요하면 반드시라고 해도 좋을 정도로 이 곡을 사용한다. 발레의 대명사라 해도 좋을 초유의 명곡이다. "딴, 따라라라……"라고 하면 멜로디가 떠오를 것이라 생각한다.

작곡가 차이코프스키는 모든 장르에서 걸작을 남긴 작곡가인데 그중에서도 발레음악 분야에서 위대한 존재이다. 무엇보다 "세계 3대 발레를 손꼽아 보라"고 한다면 세 가지 모두가 차이코프스키의 작품이다.「백조의 호수」,「호두까기 인형」,「잠자는 숲속의 미녀」가 그것이다.

그리고 이 3곡은 발레의 틀을 뛰어넘어 명곡으로 자리 잡았다. 원래 발레 공연에서는 무대 위의 무용수가 주역이고 오케스트라는 반주에 지나지 않는다. 어디까지나 보좌역인 것이다. 그런데 이 3곡 모두 무용수나 무대장치 없이도 오케스트라의 연주만으로도 충분히 감상할 수 있기 때문에 레코드로도 나왔고 콘서트에서도 연주된다.

차이코프스키의 끝이 없는 재능

「백조의 호수」는 확실한 원작이 없고 민간에서 전승된 내용을 바탕으로 하고 있다. 악마에 의해 백조로 모습이 변해 버린 오데뜨 공주와 그녀를 사랑하는 왕자의 슬픈 사랑 이야기이다.

1877년에 모스크바의 볼쇼이극장에서 초연되었는데 이때는 무대장치와 안무가 좋지 않은 탓인지 관객들의 불평으로 끝이 났다. 출연진과 안무를 새롭게 하고 명작으로서 재평가를 받은 때는 차이코프스키가 죽은 뒤인 1894년이었다.

가장 잘 알려진, 환상적이고 감미로운 멜로디가 나오는 부분은 제2막이다. 이 곡은 "정경"이라는 제목을 가지고 있는데 백조가 호수에서 헤엄치고 있는 모습을 표현하고 있다 .

차이코프스키의 두 번째 발레 작품인 「호두까기 인형」은 호프만의 작품을 원작으로 하고 있다. 크리스마스 밤에 벌어지는 이야기를 다룬 작품이기 때문에 연말에 자주 상연된다.

세 작품 모두 이야기는 단순하다. 발레는 대사가 없기 때문에 복잡한 이야기는 만들기 어렵다. 음악도 쉽게 익숙해지고 외우기도 쉽다.

요컨대 대중적이라는 말인데 디즈니 애니메이션이나 스필버그 감독의 영화에서도 알 수 있듯이 단순한 이야기일수록 작자의 재능과 기술을 필요로 한다. 몇백 명이나 되는 스태프를 동원하여 제작하였기에 그 재능이 엄청나다 하겠다.

이 3대 발레 음악을 각각 전부 녹음한 음반은 별로 없고 모음곡

러시아 상트페테르부르크 아이스발레단이 「잠자는 숲속의 미녀」를 공연하고 있다.

「백조의 호수」에서 파드두를 추는 니나 아나니아 시빌리와 알렉세이 파제체프이다.

국립발레단의 「호두까기 인형」 공연 모습으로 임성남 단장의 퇴임 기념 공연이기도 했다.

이 한 장에 수록되어 있는 음반이 많다. 카라얀의 음반도 모음곡집이다.
또한 대부분의 명곡집에는 「백조의 호수」의 「정경」만 수록되어 있는데
이것만 듣고 끝내기 보다는 적어도 모음곡집 정도는 들어놓기 바란다.

사라사테
치고이너바이젠 (1878년)

파블로 데 사라사테(1844~1908년)
스페인의 바이올린 연주자이자 작곡가로 감미롭고 부드러운 연주와 화려한 기교가 특색이다. 작품으로 「에스파냐 무곡집」과 「카르멘 환상곡」, 「서주와 타란텔라」, 「호타 아라고네스」 등이 있다.

바이올린곡 하면 떠오르는 곡

한방에 떴다고 하면 화낼지 모르지만 작곡가로서의 사라사테는 「치고이너바이젠」으로만 음악사에 남아 있다. 그러나 그는 바이올리니스트로서도 연주 역사에서 찬연히 빛나는 존재이다. 명곡 「치고이너바이젠」의 작곡가라는 사실은 그의 일생에서 덤으로 얻은 행운이나 마찬가지다.

치고이너바이젠이란 독일어로 '집시의 선율'이라는 의미이다. 이 곡은 이름 그대로 집시의 민족음악을 기본으로 한, 바이올린 독주와 오케스트라를 위한 작품이다. 물론 사라사테가 직접 연주하기 위해 작곡했다.

사라사테는 1844년에 스페인에서 태어났다. 10살 때 이사벨라 2세 여왕 앞에서 어전 연주를 한 것만 봐도 알 수 있듯이 그는 신동이었

다. 파리음악원에서 공부하였으며 순식간에 세계적인 바이올리니스트
가 되었다.

같은 시대의 작곡가였던 생상스, 랄로와도 친분이 있었고 그들
은 사라사테를 위해 곡을 썼다. 사라사테는 그들의 곡을 연주하는 한편,
직접 작곡도 하였고 「치고이너바이젠」이 대표작이 되었다.

모든 바이올리니스트가 연주한 곡

연주가가 자신을 위해 작곡을 하는 경우는 자신의 연주 기술을
보여 주는 것을 목적으로 한다. 그렇지만 그것이 단순한 곡예로 끝나면
곤란하고 예술로서도 뛰어나야 한다. 원래 바이올린은 유태인과 집시의
악기였기 때문에 그들의 민족음악에 어울리는 음색을 가진다. 사라사테

서울 월드컵 경기장에서 주빈
메타의 지휘로 빈 필하모니 오
케스트라와 함께 사라사테의
「카르멘 환상곡」을 협연하고 있
는 바이올리니스트 장영주의 모
습이다.

는 스페인 태생이므로 집시의 음악에 익숙했다. 그래서 집시음악을 바탕으로 자신이 가진 연주 기교를 전부 쏟아 부어 이 곡을 만들었다.

9분 전후의 곡으로 옛날의 SP레코드 시대에는 바이올린 곡의 대표격으로 여겨져 대부분의 바이올리니스트가 녹음하며 기교를 겨루었다. "바이올린곡 하면 「치고이너바이젠」이라는 시대가 있었다. 스즈키 세준의 영화 「치고이너바이젠」은 그러한 시대를 그린 영화이다. 영화에서는 사라사테 본인이 연주하고 목소리까지 들어간 레코드(SP판)가 극중에 등장한다.

대부분의 바이올리니스트가 녹음한 곡이기 때문에 누구의 것을 소개해야 할지 망설여지지만 하이페츠를 추천하고 싶다. 하이페츠(1901년~1987년)는 러시아 출생으로 러시아혁명 이후에 미국으로 건너가 완벽한 기교로 청중을 압도했다. 이 곡은 분명 바이올린 명곡을 모아 놓은 음반에 담겨 있을 것이다.

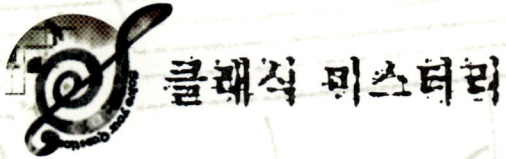

대작곡가 비발디가 가난 속에 임종을 맞이한 까닭

전 세계에 이름을 날린 유명한 작곡가라면, 노후 대책은 확실하게 해 둘 거라고 생각하지만 누구나가 그렇다고 단정 지을 수는 없다. 그런 의미에서 바이올린협주 곡「사계」를 비롯하여 수많은 명곡을 탄생시킨 이탈리아 바로크음악의 거장 안토 니오 비발디의 말년은 수수께끼에 휩싸여 있다.

비발디는 베네치아 출신으로 어린 시절부터 가톨릭교회의 성직자가 되는 것을 목표로 삼아 마침내 사제 자격을 얻었지만 오래지 않아 그만두고 교회에 딸린 피 에타자선원의 교사가 되어 바이올린과 작곡을 가르치는 길을 선택했다.

당시의 피에타자선원은 연고가 없는 여자 아이들을 돌보며 음악을 가르치는 시 설이었다. 비발디는 음악의 길에서 자립하려고 열심히 배우는 소녀들을 위해 많은 악기 협주곡을 작곡한다. 그 곡들은 소녀들로 구성된 오케스트라와 합창단에 의한 정기연주회에서 발표되었다고 한다. 만약 비발디가 계속 자선원에 머물러 있었다 면 그의 말년은 결코 수수께끼로 남지 않았을 것이다.

비발디의 곡은 피에타자선원에서 열린 연주회에 의해 유명해졌고 악보도 출판 되었으며 오페라 상연에도 성공했다. 당연히 그 나름의 재산도 얻었을 것이다.

그러나 그는 갑자기 알 수 없는 행동을 한다. 1725년부터 10년 동안이나 휴직 을 한 그는 각지를 떠돌며 연주 여행을 다니다가 1735년에 복직하지만 1740년 가 을에 또 다시 베네치아에서 자취를 감췄고 다음 해 7월, 빈에서 숨을 거뒀다.

두 번째 행방불명의 이유는 알 수가 없다. 귀국한 뒤로부터

5년 동안은 변함없이 작곡은 했지만 왕년의 인기는 이미 사라진 뒤였다. 작곡가로서 전성기가 지나갔을 뿐이라는 견해도 있지만 일본의 음악평론가인 하기야 유키코씨는 「작곡가, 재미있는 잡학사전/야마하뮤직 미디어」에서 다른 주장을 한다.

비발디는 과거에 그의 제자였던 안나 지로라는 알토 가수와 재회하게 되는데 그녀의 매력에 빠지게 된다. 그는 그녀의 여동생 파올리나까지 불러들여 셋이서 동거를 시작한다. 그리고 그것이 일대 스캔들이 되어 평판을 떨어트렸을지도 모른다는 것이다.

비발디는 주위의 시선을 견디지 못했고 고향에서 자취를 감추었다는 것이다. 그러나 그 후 비발디가 죽기 전까지 어떻게 생활을 했는지 어떤 경로로 빈에 가게 되었는지는 알 수가 없다. 더구나 그가 매장된 곳은 가난한 사람들을 위한 공동묘지로, 장례 비용은 빈에서 가장 하급에 가까웠다. 묘지와 장례 절차만 보면 비발디는 빈곤 속에서 세상을 떠났다.

최근에는 완전히 무일푼이었던 것은 아니었다는 의견도 나오고 있지만 그래도 작곡가로서 명성을 얻고 많은 수입이 있었던 사람의 최후라고 보기는 힘들다. 베네치아를 나온 뒤 1년이 채 되지 않은 사이에 모두 탕진한 것인지 어찌된 것인지 지금도 큰 수수께끼로 남아 있다.

「비창」 초연 9일 후에 급사한 차이코프스키의 수수께끼 같은 죽음

교향곡 제6번 「비창」은 차이코프스키가 죽기 9일 전에 열렸던 초연에서 본인이 직접 지휘한 명곡이다. 처음에는 「비창」이라는 제목이 붙지 않았지만 곡에 대한 평가가 너무나도 좋지 않자 초연 후 차이코프스키의 남동생이 「비창」이라는 이름을 붙였다고 한다.

러시아가 자랑하는 대작곡가 표토르 일리치 차이코프스키는 1893년 11월 6일에 53세의 나이로 세상을 떠났다.

알려진 사인은 콜레라로 인한 병사인데, 차이코프스키는 11월 1일에 친구들과 함께 간 레스토랑에서 생수를 마시고 콜레라에 감염, 그로부터 겨우 5일 후에 숨을 거뒀다고 전해진다. 당시 러시아에서는 콜레라가 유행하고 있었기 때문에 감염되면 거의 죽는다는 것을 다 알고 있었음이 분명하다. 그런데도 감염 위험이 있는 생수를 그는 왜 마셨던 것일까?

차이코프스키의 죽음에는 이해하기 힘든 점이 있다. 정말로 콜레라 때문에 죽었을까, 하는 점이다. 보통 콜레라에 걸리면 격리가 되는 것이 보통인데 당시 많은 사람들이 병상에 누워 있는 차이코프스키에게 병문안을 왔다. 게다가 그가 죽은 후 이틀 동안은 이별을 고하러 방문한 사람들이 관속에 누워 있는 차이코프스키의 얼굴과 손에 입맞춤을 했다. 콜레라 환자치고는 비상식적인 이야기가 아닌가?

1978년, 구소련 출신의 음악학자인 알렉산드라 오를로바는 이러한 일련의 의혹들에 대해 차이코프스키와 같은 법률학교 출신인 알렉산도

르 보이토프라는 인물의 증언을 바탕으로 대담한 가설을 발표했다.

가설에 의하면 차이코프스키는 자살을 강요받았다고 한다. 사실 그는 동성애자이며 말년에 어느 귀족원 의원의 조카와 관계를 가졌다. 그 사실을 알게 된 의원은 황제에게 고발장을 보냈다. 그러나 고소장을 위탁받은 사람은 귀족원의 의장이었고 그는 차이코프스키와 같은 법률학교 출신이었다. 의장은 이 사실을 모교의 명예가 걸린 중대한 사안이라고 여기고 추문을 진정시키기 위한 회의를 소집했다. 회의 결과 "차이코프스키는 책임을 지고 자살해야 한다"고 결론을 내렸다. 그 결과대로 차이코프스키에게는 독약이 건네지고 그는 독약을 마시고 자살했다는 것이다.

차이코프스키가 동성애자였다는 설에 대한 진상은 밝혀지지 않았지만, 그는 자신의 그런 성 개념에 대해 신경 쓰지 않았다고 알려져 있다. 또 당시의 러시아 상류사회의 풍조를 봐도 동성애가 들통 날 것을 두려워하여 자살하는 일은 없었을 것이라는 의견도 있다. 어찌됐든 어느 쪽이 더 신빙성이 있는지는 여전히 의문으로 남아 있다.

03

언제나 인기 있는
오페라 명곡

아이다(1871년) 베르디

라 보엠(1896년) 푸치니

카르멘(1875년) 비제

클래식 중에서 오페라는 독립된 분야로서 다루어지는 경우가 많다.

그러나 오페라도 넓은 의미에서는 클래식의 한 분야이다.

비디오나 DVD가 없는 시대부터 오페라는 클래식의 일부로서 감상하고 있는데

클래식 이상으로 감상하는 사람이 많지 않은 분야인

오페라의 매력이 무엇인지 살펴보자.

베르디

아이다 (1871년)

주세페 베르디(1813~1901년)

이탈리아의 작곡가로 이탈리아
낭만파의 가극을 대표하는 작가
이다. 이탈리아 오페라의 전통
을 기반으로 극과 음악의 통일
적 표현과 독창의 가창성, 중창
의 충실화, 관현악의 연극 참여
등 선구자적 역할을 해냈다. 작
품으로 「리골레토」, 「일트로바
토레」, 「춘희」 등이 있다.

삼각관계, 역사의 긴박감, 비극이라는 3박자를 두루 갖춘 명작

「아이다」의 서곡과 핵심 부분을 들으면 오페라에도 도전해 보
고 싶은 기분이 든다. 오페라는 무엇부터 보면 좋을까, 그리고 얼마나
들어야 할까? 우선은 ABC부터 듣는 것이 무난한 선택이다. 여기서
ABC란 아이다, 보엠, 카르멘을 가리킨다. 누가 만들어 냈는지는 모르
지만 단순한 말장난이 아니라 실제로 전후, 미국의 오페라극장에서 상
연된 순위가 이 순서였다고 한다. 세 작품은 그대로 명작 오페라 베스트3
이기도 하다.

먼저 A인 「아이다」부터 살펴보자. 작곡가는 베르디이다. 그는
이탈리아 오페라의 거장이며 작품 대부분이 오페라다. 「춘희」, 「오텔
로」, 「리골레토」 등 오페라 역사에 길이 남을 여러 작품을 남겼다. 반대
로 말하면 오페라 이외에는 그다지 손을 대지 않았다.

베르디가 태어난 때는 1813년으로 우연히도 경쟁자가 되는 바그너와 같은 해에 태어났다. 19세기 후반, 이 두 천재에 의해 오페라는 정점에 달한다.

베르디의 부모는 음악과는 관계가 없는 사람들로 여관을 운영하고 있었다. 그러나 베르디는 어린 시절부터 음악적 재능이 있어 밀라노로 가서 본격적으로 음악 공부를 시작해 26세에 프로 오페라 작곡가로

미국 뉴욕 메트로폴리탄 오페라에서 베르디의 오페라 「아이다」가 공연되고 있는 모습이다.

서 데뷔했다. 1901년에 밀라노에서 사망했을 때는 이탈리아 국장으로 성대하게 장례가 치러졌다. 우리식으로 말하면 인간문화재인 셈이다.

헐리우드 영화음악에도 영향

「아이다」는 베르디 중기의 걸작으로 1891년의 작품이다. 수에 즈운하 개통을 기념하기 위해 이집트 국왕이 의뢰하여 작곡한 작품이다. 그래서 고대 이집트를 무대로 하였으며 삼각관계, 역사를 배경으로 한 긴박감, 비극이라는 3박자를 두루 갖춘 걸작이 탄생하였다.

제목으로 붙여진 아이다는 에티오피아의 공주이다. 그녀는 신분을 감추고 적국 이집트의 왕녀, 암네리스의 노예로 일한다. 이집트의 장군 라다메스는 적국의 왕녀인 줄도 모르고 아이다를 사랑하고 아이다도 라다메스를 적인데도 사랑하게 된다. 그런데 암네리스 또한 라다메스를 사랑했기 때문에 여기서 삼각관계가 발생한다. 마침내 이집트는 에티오피아를 공격하고 라다메스가 이기고 돌아온다.

그 뒤로 여러 사건이 있지만 결말은 비극적이다. 노래 부분에서 들을 만한 대목은 세 명이 함께 노래하는 3중창을 꼽을 수 있다. 시각적으로는 개선 행진하는 장면이며, 연출에 따라서 진짜 코끼리까지 무대에 등장한다. 이 장면에서 나오는 행진곡은 광고에서 자주 사용되는데 「벤허」나 「클레오파트라」 등 헐리우드 역사상 초대형 영화의 음악에도 영향을 주었다. 세 명의 주인공이 각자의 마음을 마음대로 노래하는 3중창은 처음 들을 때는 위화감이 들기도 한다.

일본의 가부키에서는 한 사람이 혼자서 떠드는 동안 다른 사람은 입을 다물고 있다가 그것을 다 듣고 나서야 다음 사람이 말을 하는데, 오페라의 경우에는 2중창, 3중창이 많다. 그것도 상대방에게 말을 거는 것이 아니라 마음속의 생각을 노래한다. 예를 들면 "당신을 사랑합니다"의 경우에도 목소리를 내느냐, 안 내느냐에 따라 큰 차이가 있는데 오페라에서는 목소리를 내지 않으면 극이 성립되지 않으므로 생각하는 바는 무엇이든 큰소리로 노래해야 한다.

게다가 합창단이 상황을 설명하는 내용을 노래하는 경우도 있다. 무대 위에 있는 군중이 해설자 역할을 하는 것이다. 이처럼 내면 묘사와 상황 설명을 노래(= 대사)로 발성하는 것이 오페라의 특징이기도 하다.

카라얀은 교향곡에도 능숙하지만 오페라극장의 지휘자로 시작해 빈 국립오페라극장의 음악 감독까지 역임한 경력이 말해 주듯이 오페라가 본업이라 해도 좋다. 「아이다」도 녹음했으며 3대 테너 가운데 한 사람인 호세 카레라스(1946년~)가 라다메스를 맡아 노래했다. 하이라이트판도 있으므로 구할 수 있다면 그것부터 먼저 들어보기 바란다.

세계 3대 테너 중의 한 사람인 호세 카레라스가 공연하고 있는 모습이다.

푸치니

라 보엠 (1896년)

지아코모 푸치니(1858~1924년)

이탈리아의 작곡가로 대담한 화성을 구사하고 극적인 효과가 높은 오페라를 만들었다. 「마농 레스코」로 단숨에 유명인이 되었으며 작품으로 「라 보엠」, 「토스카」, 「나비부인」이 있다. 이 세 작품은 그의 3대 걸작이라 일컬어지고 있다.

베르디의 후계자로서 히트를 연발한 작곡가

이탈리아의 오페라 작곡가인 푸치니의 걸작은 「라 보엠」이다. 보엠이란 보헤미안이라는 의미이며 지금의 **프리터**Freeter를 일컫는 말이다. 이 작품은 정규 직업을 갖지 않은 자유분방한 예술가 초년생들이 주인공이다. 브로드웨이 뮤지컬 「렌트」도 같은 원작을 바탕으로 한다.

푸치니는 1858년에 이탈리아에서 태어났다. 아버지와 큰아버지도 음악가이며 어린 시절부터 그들에게 음악을 배웠다. 젊은 시절부터 재능을 인정받았지만 곧바로 성공으로 이어지지는 않았다. 1893년에 간신히 「마농 레스코」로 성공하여 베르디의 후계자라고 불리게 된다. 「라 보엠」은 그 다음 작품으로 1896년에 초연되었다. 「나비부인」, 「토스카」, 「투란도트」가 대표작이며 이 작품들은 오늘날에도 대부분의 오페라극장에서 상연되고 있다.

프리터

프리free와 아르바이터arbeiter의 합성어로 원래 프리터는 80년대 후반, 음악가와 작가로 성공하기 위해 다양한 일을 하면서 생활을 유지해 나가는 사람들을 의미했다. 요즘은 정식 직장 없이 이 직장 저 직장을 옮겨 다니는 사람들을 뜻한다.

「라 보엠」은 1830년대 파리의 뒷골목이 무대이며 등장인물도 서민이고 역사적인 사건과도 관계없어 「아이다」와는 대조적이다. 인기 없는 시인과 삯바느질하는 처녀, 화가와 그 애인으로 이루어진 두 커플이 주인공이다. 여러 이야기가 전개된 뒤 바느질하는 딸이 결핵으로 죽는 것이 마지막 장면이다. 그 딸의 이름이 미미이다. 그녀는 "본명은 루치아야. 하지만 모두 미미라고 부르지"라고 말하며 등장하는데 곧바로 자기 소개를 한다. 미미는 가난하지만 열심히 일하기 때문에 경제적으로는 자립한 여성이며 인기 없는 시인이었던 애인을 위해 헌신하는 갸륵한 여성이기도 하다. 파리가 무대이지만 우리 주변의 연극이나 영화에서 흔히 만날 법한 주인공이다.

러시아 오페라단의 라보엠 공연의 한 장면이다.

현대인도 공감하는 스토리

　　오페라 하면 현란하고 호화로운 무대장치와 화려한 의상을 떠올리지만 「라 보엠」은 파리에서 살아가는 가난한 청년들의 이야기이므로 그렇게 화려하지는 않다. 반대로 말하면 연출에는 사실감이 요구된다. 시대도 현대와 가깝고 등장인물도 서민이라서 관객들은 '어느 세상, 어느 시대에도 사랑을 하는 가난한 청년은 있는 법이다' 라는 공감대를 가지게 된다. 그래서 보는 사람들도 가상의 이야기가 아니라 마음에 와 닿는 이야기를 기대하기 마련이다.

　　카라얀 지휘의 음반이 기본 상품이지만 「라 보엠」은 카라얀이 만든 DVD도 있다. 이 DVD의 연출은 영화 감독이기도 한 프랑코 제피렐리가 맡았다. CD나 DVD 모두 주인공 미미 역에 프레니가 등장한다. 그녀는 60세가 넘어서도 현역으로 있으면서 아가씨 역할을 맡은 배우이다. 놀랍겠지만 그것이 가능한 분야가 오페라다. 카라얀의 CD에서는 3대 테너 가운데 한 사람인 파바로티(1935~2007년)가 인기 없는 시인을 맡아

이탈리아의 모데나에서 제빵업자의 외아들로 태어난 파바로티는 아마추어 테너 가수였던 아버지의 영향으로 오페라극장에서 활동을 하게 되었다. 푸치니의 오페라 「라보엠」의 루돌포 역을 맡으면서 테너 가수로 데뷔해 일약 세계적인 스타의 대열에 오르게 되었다.

노래했다. 현실 속의 파바로티는 갑부이며 몸집이 커서 그런 뚱뚱하고 인기 없는 시인 역에 어울릴까, 하는 생각도 들지만 오페라에서는 이것도 허용된다.

조르쥬 비제(1838~1875년)

프랑스의 작곡가로 오페라 음악에 뛰어난 많은 작품을 남겼다. 작품으로 남부 유럽의 지방색을 도입한 가극 「카르멘」, 모음곡 「아를르의 여인」 등이 유명하다.

비제

카르멘 (1875년)

지명도 넘버원의 오페라 주인공

「투우사의 노래」, 「하바네라」 등 이제는 대중적인 노래라고 해도 좋을 유명 곡이 등장하는 오페라가 「카르멘」이다. 주인공 카르멘은 지명도로는 최고 그룹에 속하는 인물일 것이다. 대히트를 친 영화 「영원의 아리아·카라스」에서 극중 극으로 상영된 오페라가 있었는데 그것이 바로 「카르멘」이다. 작곡가는 비제로 무대는 스페인이지만 프랑스 오페라이다.

비제는 1838년에 파리에서 태어났다. 음악 교사를 아버지로 둔 그는 파리음악원에서 피아노와 작곡을 공부하고 로마로 유학을 갔다. 유학 때부터 오페라를 작곡했는데 그다지 성공하지는 못했다. 출세작을 꼽자면 1872년의 「아를르의 여인」으로, 이는 오페라가 아니라 연극에 부수적으로 딸린 작품이었다. 요컨대 영화음악의 연극판인 셈이다. 극은 혹평을 받았지만 비제의 음악은 좋은 평가를 받았다.

롤랑프티 발레단의 「카르멘」 공
연 모습이다.

　　불후의 명작 「카르멘」은 비제가 사망하던 해에(37살의 나이에 죽
었다) 만든 작품인데 초연 때는 혹평을 받았다. 주인공인 카르멘의 인물
상이 너무 반사회적이었기 때문일까? 좋은 평가를 받은 것은 비제가 죽
은 뒤였다.

이국적이어서 매력적인 멜로디

스페인 세비야의 담배 공장에서 일하던 카르멘. 그녀가 한때 유혹했던 사람이 기병대의 조장으로 있는 돈 호세이다. 호세는 약혼자가 고향에 있는데도 카르멘의 포로가 되고 만다. 두 사람은 맺어지지만 카르멘은 다시 투우사를 새 애인으로 삼게 되고 결국에는 호세가 카르멘을 죽이고 만다.

남성 관객은 카르멘을 지독한 여자라고 생각하고, 여성 관객은 호세를 터무니없는 남자라고 생각할 것이다. 혹은 그 반대일지도 모른다. 아니면 두 사람 모두 불쌍하다고 생각하거나, 두 사람 모두 어처구니가 없는 사람들이라고 생각하는 사람도 있을 것이다. 아무튼 보는 사람에 따라 이렇게 감상평이 다른 오페라도 없을 것이다.

이 작품은 누구나 가해자도 될 수 있고, 피해자도 될 수 있는 현대사회의 면모와 그곳에서 살아가는 사람들의 모순과 다면성을 유려한 멜로디로 표현해 냈다. 프랑스인들은 스페인 음악을 이국적 정서가 넘치는 음악으로 받아들이는데 「카르멘」에는 그런 느낌이 충분하기에 큰 인기를 끌었다.

카르멘 역을 맡은 배우 중에는 아그네스 발차 (1944년~)가 좋은 평을 받는다. 호세 역에는 믿음직한 도밍고(1941년~)와 훤칠한 용모의 카레라스(1946년~)가 좋은 평을 받았다. 카라얀의 음반에서는 발차와 카레라스의 음성으로 들을 수 있다.

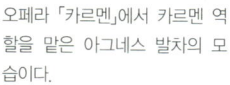

오페라 「카르멘」에서 카르멘 역할을 맡은 아그네스 발차의 모습이다.

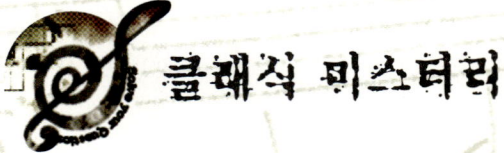

쇼팽이 피아노곡만 쓴 이유

폴란드 출신으로 프랑스에서 활약한 프레드릭 쇼팽은 평생 동안 작곡한 곡의 대부분이 피아노곡인 보기 드문 작곡가이다. 폴란드의 독특한 음악인 마주루카나 폴로네즈를 비롯하여 에튀드, 콘체르트, 왈츠, 소나타 등 그가 손을 댄 분야는 다양했는데, 압도적인 다수가 피아노를 위한 곡이었다. 때문에 사람들이 그를 "피아노의 시인"이라고 부를 정도였다.

쇼팽은 왜 그렇게까지 피아노곡에 집착했을까? 피아노곡 이외의 곡은 좀처럼 작곡하지 않은 것에는 무슨 이유가 있는 것일까? 그것은 그가 피아노의 빌투오조였다는 사실과 관련이 깊다고 한다.

빌투오조란 뛰어난 기교로 악기를 다루는 인기 연주가를 말한다. 19세기에는 평범한 사람은 흉내 낼 수 없는 뛰어난 기교를 가진 연주가들이 각지를 돌아다니며 연주 여행을 했는데 그들은 "빌투오조"라 불리며 인기를 모았다.

쇼팽도 그런 빌투오조 가운데 한 사람이었다. 그는 19세기 피아노계에서 피아니스트로서도 헝가리의 프란츠 폰 리스트와 어깨를 나란히 하는 2대 거장이었다. 그런 쇼팽에게 작곡은 피아노와 깊이 얽혀 떼려야 뗄 수 없는 관계였던 것으로 보인다.

베토벤을 비롯하여 쇼팽 이전에도 작곡할 때 피아노를 연주하거나, 작곡을 하면서도 피아니스트로서 활약한 음악가는 많이 있었지만, 쇼팽은 그들과는 달랐다.

쇼팽은 작곡하면서 피아노를 연주한 것이 아니라 연주하면서 새로운 곡을 만들어 내는 작곡가였다.

그렇지만 쇼팽이 피아노곡밖에 작곡할 수 없었던 것은 아니다. 당시 음악가는 음악에 관해서라면 뭐든지 할 수 있었고 정규 음악교육을 받으면 작곡에 필요한 여러 가지 악기에 대한 지식을 익힐 수 있었다.

쇼팽도 바르샤바에서 정규 음악교육을 받았기 때문에 피아노곡 이외의 곡도 만들 수 있었고 실제로 젊었을 때는 몇 개의 관현악곡도 작곡했다.

다만 그 곡들은 피아노곡만큼 명곡은 아니었다. 쇼팽의 작품은 피아노로 연주하는 곡이 아니면 독자성을 거의 발휘하지 못했다.

그 부분은 후세에 관현악화된 쇼팽의 곡을 통해서도 알 수 있다. 쇼팽의 피아노곡을 관현악용으로 편곡하면 원곡의 매력이나 악상이 훼손되어 평범한 곡이 되어버린다. 누구보다 쇼팽 자신이 그 점을 잘 알고 있었는데 그래서 피아노곡만 작곡한 것이 아닐까 싶다.

부부의 위기를 막은 말러의 아내 알마의 「5개의 가곡」

구스타프 말러의 아내, 알마 말러는 단순히 말러의 아내였을 뿐만 아니라 뛰어난 작곡가이기도 했다. 알마는 1902년, 22살에 19살 연상의 말러와 결혼했는데 젊은 나이에 유명한 예술가들과 예술론을 펼칠 정도로 높은 교양을 겸비했다고 한다.

젊었을 때부터 작곡을 배웠던 알마였지만 결혼 전에 작곡한 곡이 「5개의 가곡」이라는 제목으로 출판된 것은 1910년 무렵이었다. 왜 완성되었던 곡이 그렇게 방치되었을까? 긴 세월 동안 찾는 이도 없었던 곡이 약 9년 뒤에 출판되었다는 사실은 이해가 가지 않는다. 그 수수께끼의 뒷면에는 부부간의 미묘한 갈등이 내재되어 있다.

결혼 전 알마는 말러에게 편지를 쓰다가 "지금부터 작곡 공부를 해야 하므로 이만 펜을 놓겠습니다" 라고 끝을 맺은 적이 있다. 편지를 읽은 말러는 알마를 설득하여 작곡을 그만두겠다는 약속을 받아냈다.

당시에 "부부는 평등해야 한다"는 가치관이 확산되고 있었지만 많은 남성들은 여성의 사회 진출을 달가워하지 않는 구태의연한 부부관을 갖고 있었고 말러도 예외는 아니었다. 강한 자의식과 대단한 재능을 겸비한 여성에게 이것은 고통이었다. 알마는 말러를 사랑했기 때문에 작곡을 포기하기로 약속했지만 작곡가를 향한 꿈을 저지당했다는 불만은 항상 품고 있었다.

남편은 남편 자신의 인생을 사는데 왜 아내는 남편의 뜻에 맞춰 인생을 살아야 하느냐는 불만을 안고 고뇌하는 알마에게 몇 명의 남성이 사랑을 고백해 왔다. 특히 27살의 건축가 월터 그로피우스의 구애는 무척 열렬했다고 한다.

일이 이렇게 되자 말러는 육체적으로도 정신적으로도 자신이 없었다. 무엇보다 알마는 말러보다 19살이나 연하여서 젊고 아름다웠다. 고민하던 말러는 미국에서 유럽으로 돌아왔을 때 정신분석으로 유명한 프로이드의 진단을 받았는데, 아내를 속박하여 힘들게 하지 말라는 충고를 받았다. 프로이드의 충고를 계기로 아내에 대한 말러의 태도가 바뀌었다고 한다.

말러는 알마가 결혼 전에 쓴 악보를 발견하고 아내의 재능을 재인식하여 출판사에 가지고 갔다. 알마의 「5개의 가곡」은 이와 같은 부부의 위기를 배경으로 하여 완성된 지 상당한 시간이 흐른 뒤에 출판될 수 있었다.

만일 알마에게 구애하는 사람들이 나타나지 않았거나, 말러가 이대로 아내에게 버림받을지 모른다는 위기감을 느끼지 않았다면 이 명곡은 영원히 빛을 보지 못했을지 모른다.

04

베토벤의 제9번
「합창」을 초월하려 했던
걸작 교향곡들

연말이 되면 매년 여기저기서 연주되는 베토벤「제9번 교향곡」

그러나 베토벤만이 교향곡을 제9번까지 작곡한 것은 아니다.

드보르작과 브루크너와 말러도 교향곡을 제9번까지 작곡했다.

그런데 웬일인지 대부분 제9번이 마지막 교향곡이 되었다.

교향곡이 9번에서 끝나는 이유는 무엇일까? 베토벤의 저주 때문일까?

베토벤

교향곡 제9번 「합창」(1824년)

루드비히 반 베토벤(1770~1827년)

베토벤의 작품은 곡마다 독자적인 하나의 세계를 이루고 있는데 후기의 작품들은 한층 더 깊은 마음의 세계를 표현해 내고 있다. 19세기와 20세기에 걸쳐 많은 사람들에게 감명을 준 그의 작품들은 여전히 생명력을 유지하고 있으며 청력을 잃고서도 예술로 극복해 낸 그의 의지는 삶에 있어서도 귀감이 되고 있다.

가사를 몰라도 감동스러운 곡

베토벤이 작곡한 교향곡은 제9번까지이다. 아홉 곡 이상 교향곡을 작곡한 작곡가는 그밖에도 몇 명 더 있지만 제9번 하면 "베토벤의 제9번"을 의미한다. 엄밀하게 말하면 제목은 아니지만 베토벤의 제9번에는 음반과 콘서트에서 「합창」이라는 타이틀을 사용하고 있다. 그런데 웬일인지 「합창」이라고 부르는 사람은 얼마 없다. 이 곡에 한해서는 "제9번"이라고 부르는 것이 일반적이다. 그리고 다른 작곡가의 제9번 교향곡은 "○○○의 9번"이라고 부른다.

모차르트의 교향곡은 41번이 마지막이지만 실제로는 70곡 전후가 있었다고 한다. 하이든의 경우에는 104번까지 있다. 그러나 그들의 교향곡은 연주했을 때 10분, 길어도 20분 전후이다. 베토벤의 교향곡은 제3번 「영웅」부터 40분 전후가 표준이 되어 장편음악으로 바뀌었

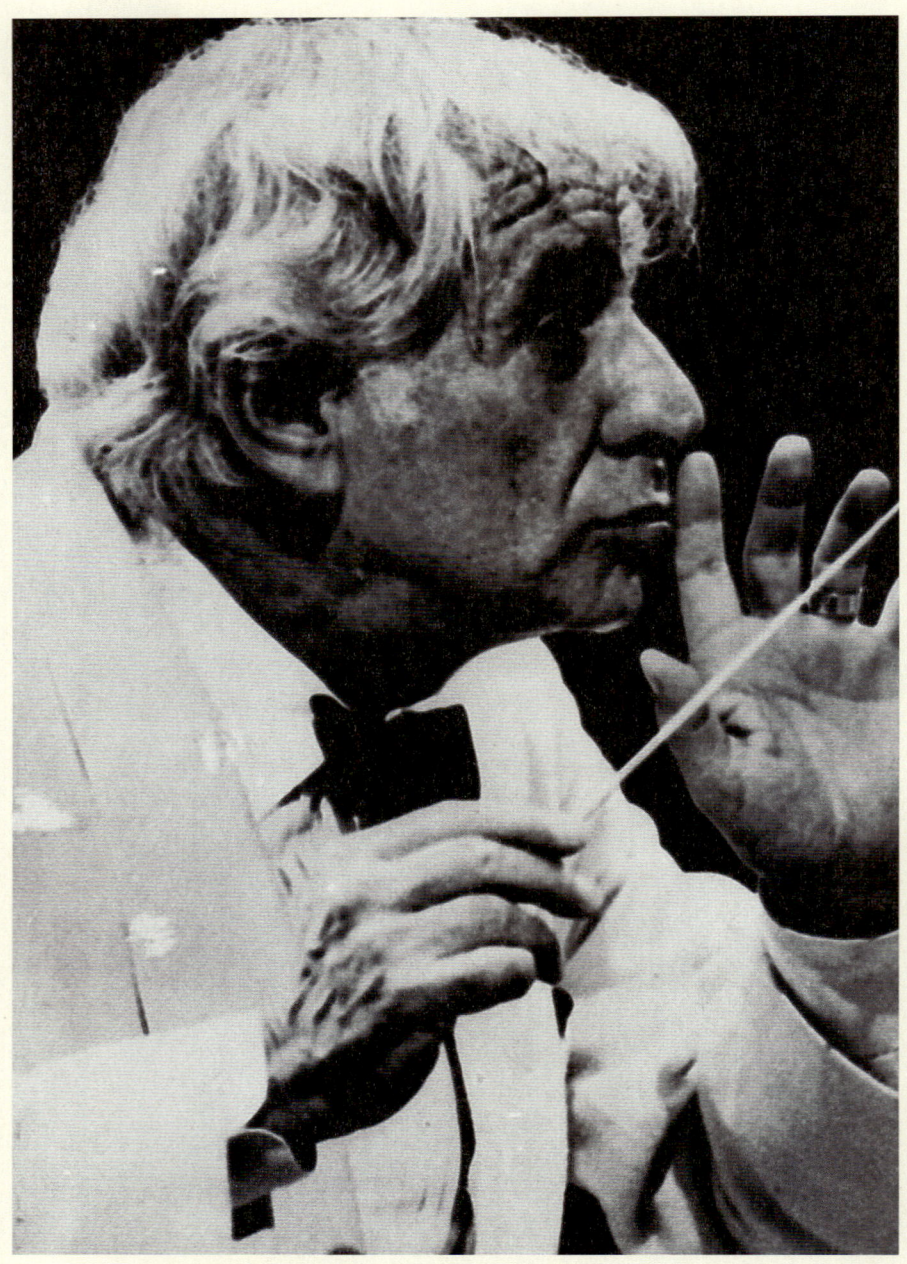

1990년 독일 함부르크에서 열린 슐레스비히–홀스타인 음악페스티벌 오케스트라에서 지휘하고 있는 레너드 번스타인의 모습이다.

다. 이것이 첫 번째 혁명이다. 그리고 「제9번」은 표준조차도 웃도는 1
시간을 뛰어넘는 연주 시간과 마지막 악장에 등장하는 독창과 합창 덕분
에 전대미문의 초대형 작품이 되었다. 베토벤은 교향곡에 있어서 두 번
이나 혁명을 일으킨 것이다.

　　「제9번」은 1824년에 완성하였고 같은 해에 빈에서 초연되었다.
베토벤이 죽은 것은 그로부터 3년 후, 귀가 완전히 멀었기 때문에 연주
가 끝나고 청중이 박수갈채를 보내도 그는 알아차리지 못했다. 그의 머
릿속에서 이 곡은 어떤 음감이었을까?

　　「제9번」을 연말에 연주하는 것은 몇 개 국가만의 풍습이다. 대
작이기 때문에 유럽과 미국에서는 그렇게 무턱대고 연주하지 않는다.
새로운 극장의 개장을 기념할 때라든지 국가적 이벤트가 있을 때 연주되
는 경우가 많다. 1989년 12월에 베를린의 장벽이 붕괴되었는데 그 해
크리스마스 때 베를린에서 이를 축하하여 연주된 적이 있다. 레너드 번
스타인의 지휘 아래 동·서 독일과 미국, 영국, 소련의 오케스트라에서
모인 연주가들로 임시 편성된 오케스트라가 연주했다.

　　축제에 「제9번」이 안성맞춤이었던 이유는 큰 규모와 마지막 악
장에서 부르는 합창의 내용 때문이다. 독일의 시인, 실러의 「환희의 송
가」에서 나온 시인데 전 인류의 이상을 드높게 칭송하는 내용이다.

　　제1악장은 '무無'에서 무언가가 탄생하듯이 시작한다. 인류의
탄생을 표현하고 있는 듯한 느낌이다. 드디어 혼돈이 오고 여러 가지가
꿈틀거린다. 그 속에는 제5번 교향곡 「운명」의 "빠바바밤"과 닮은 멜로
디도 있다. 제2악장은 목가적이다. 그러나 어딘가 비극적인 느낌도 있
다. 다시 말해 억지로 즐거워하는 느낌이 든다. 제3악장은 천국에 비할
만한 느낌이다. 어쩌면 베토벤의 작품 중에서 가장 아름다운 곡일지도
모르겠다.

독일의 지휘자 푸르트 벵글러 (1886~1954년)는 베를린 필하모니 관현악단과 라이프치히 게반트하우스 관현악단의 지휘자를 지냈으며 웅대한 지휘로 금세기 최고의 지휘자 가운데 한 사람으로 꼽힌다.

그리고 제4악장의 첫머리에서는 그때까지 연주되던 3악장의 은은한 멜로디가 계속되는데 첼로와 콘트라베이스의 저음 현악기들이 "이게 아니야" 하며 서로 부정한다.

과거를 부정한 뒤에 시작되는 멜로디가 바로 유명한 「환희의 송가」에 나오는 멜로디이다. 그 멜로디는 몇 번인가 반복되는데 그때마다 가담하는 악기가 늘어 마지막에는 모든 악기가 성대하게 연주한다. 그리고 한숨 돌린 후, 독창과 합창이 따라붙는다. 그때부터는 뭐가 뭔지 모르는 사이에 노도처럼 오케스트라와 대합창단이 연주하고 노래하는데 여기에 압도된 사이에 전곡이 끝난다.

가사는 독일어인데 CD에 달려 있는 번역된 가사를 읽어 봐도 신이라든지 동포라든지 천사가 어쨌다는 등 그리스도교도가 아닌 사람에게는 익숙하지 않은 단어와 표현이 많아서 잘 모르는 부분들도 꽤 있을 것이다. 그러나 가사가 아닌 음악으로 들으면 무언가가 전해져 온다. 영국과 미국의 록을 들을 때도 일일이 번역하면서 듣지 않듯이 그것과 같은 맥락에서, 이해하려고 하지 말고 그냥 느끼면 된다.

　　여하튼 연주 시간이 70분에 가까운 초대작 「제9번」을 들으면 성취감도 맛볼 수 있다. 아마추어가 합창단으로 참여한 연주회가 이곳저곳에서 개최되는 이유도 이러한 성취감을 맛볼 수 있기 때문일 것이다. 듣기만 해도 상당한 성취감을 느낄 수 있다. "올해도 열심히 살았으니 내년에도 열심히 살자"라는 기분이 들게 하므로 연말에 어울리는 곡이라 하겠다. 베토벤의 의도가 그런 곳에 있지 않았음은 분명하지만 우리나라에서는 그런 식으로 듣는 것이 일반적이 되었다.

　　음반은 1951년, 푸르트 벵글러가 바이로이트음악제에서 라이브로 녹음한 것을 최고로 여기고 있다. 그런 의미에서는 '인류의 유산'과 같은 라이브음반은 들어 두면 손해 볼 것이 없다. 그러나 녹음한 지 오래되어 그다지 음질은 좋지 않다. 카라얀이 지휘한 음반을 듣는 것이 무난하다.

제9번은 웬일인지 항상 "최후의 교향곡"

　　베토벤 때문에 막다른 곳에 닿아 버린 교향곡이지만 음악의 역사는 끝나지 않는다. 그 뒤에도 몇 명의 작곡가가 교향곡에 도전했다. 과연 베토벤을 능가할 수 있었을까?

　　베토벤의 제9번이 완성된 것은 1824년으로 베토벤이 죽기 3년 전이다. 좀 더 힘을 낼 수 있었으면 한 곡 정도 더 만들 시간은 되었다. 실제로 그는 제10번에 착수했다고 하지만 메모 수준의 기록밖에 남기지 않았다. 더 장수했으면 제10번까지는 가능했을지도 모르는데 그랬다면 과연 「제9번」을 능가하는 곡이 나왔을까, 의문이기는 하다.

여기서 "9"라는 숫자는 불가사의한 의미를 지닌다. 십진법으로 9는 최후의 숫자다. 이는 단순한 우연일까? 이후 제9번이 "최후의 교향곡"이 된 예가 많다.

이 징크스의 사례로 먼저 슈베르트가 있다. 슈베르트의 작품은 악보가 흩어져 없어진 것들이 많고 남아 있는 악보도 그것이 '제 몇 악장' 인지 기재되어 있지 않다(그 시대에는 교향곡에 '제○번' 이라고 표시하는 습관이 아직 없었다).

그래서 연구자가 상황 증거를 모아 작곡 시기를 추정하고 순번을 결정하는데, 한때는 「미완성」이 제8번에 해당하고 그 후에 「그레이트」라고 불리는 곡까지 합해 전부 9곡이라고 생각하던 시기도 있었다(최근에는 「미완성」을 7번, 「그레이트」를 8번이라고 하고 악보가 남아 있지 않은 작품은 번호를 붙이지 않는 것이 정설로 되어 있다).

브람스

교향곡 제1번(1876년)

요하네스 브람스(1833~1897년)

독일의 작곡가로 낭만파지만 고전주의에 입각하여 신고전파라고도 불린다. 4개의 교향곡을 비롯하여 피아노협주곡, 바이올린협주곡, 실내악곡, 피아노곡, 성악곡 등 모든 분야에 걸쳐 작곡을 했다.

베토벤을 초월해야 한다는 고통

슈베르트 이후에 교향곡 작곡가로서 유명한 사람이 브람스이다. 브람스는 바흐, 베토벤과 나란히 '3대 B'라고 불린 적도 있는 독일 음악의 대가이다(여기에 비틀즈를 추가하여 '4대 B'라고 하는 설도 있지만 그러면 독일이라는 연결고리는 의미가 없어져 버린다). 그는 1833년에 함부르크에서 태어나 어린 시절부터 피아노와 작곡을 공부하고 15살에 연주회를 통해 등단한다. 슈만에게 인정받고 발탁된 것이 대작곡가의 길로 들어서는 큰 계기가 된다. 그러다가 슈만이 정신병을 앓고 입원해 버리자 슈만의 아내 클라라와 그의 가족을 보살피기 위해 작곡 생활을 중단한다.

브람스는 베토벤을 강하게 의식했다. 때문에 베토벤을 초월하는 곡을 써야 한다는 중압감을 느끼며 슬럼프에 빠졌다. 그중에서도 교향곡 때문에 고생했다. 과연 베토벤의 위대한 9개의 교향곡 이후에 같은 장르의 곡을 만드는 일이 의미가 있는 것일까? 브람스는 이런 질문에서 부터 출발해야만 했다.

이는 브람스만의 고민이 아니었는지 1850년, 슈만의 교향곡 제3번 이후 같은 장르의 신곡은 나오지 않는다. 브람스의 교향곡 제1번이 겨우 완성된 것은 그 후 26년 뒤인 1896년으로, 착수하고 나서 20년이나 걸렸다.

브람스는 자기가 가장 좋아하는 작품이 「교향곡 제4번」이라고 했는데 그림은 그중의 일부이다. 웅장하면서도 우울한 느낌을 주는 이 곡은 쉰을 넘기고 작곡한 그의 내면이 잘 드러난 곡이다.

교향곡 제10번이라고 불렸던 걸작

　　브람스의 교향곡 「제1번」은 고생한 보람이 있어서인지 호평을 받았는데 베토벤의 「제9번」 교향곡 이후에 나온 교향곡이라는 의미에서 「제10번」이라는 평가를 받았다. 「제1번」은 베토벤의 「제9번」과 비슷하다. 특히 제4악장은 합창까지는 없지만 「환희의 송가」와 닮은 부분이 있다.

　　「제1번」이 호평을 받았기 때문에 브람스는 자신감을 회복하고 겨우 3개월 만에 「제2번」을 완성시킨다. 「제3번」은 6년 뒤인 1883년에 완성했다. 결국 브람스는 4개의 교향곡을 남겼다. 시작이 늦었던 대신에 건투했다고 볼 수 있다.

　　그러나 세상에는 예술가에게 언제나 새로움을 요구한다. 전통을 지키는 일이 시대에 뒤처진다고 비판받는 일은 클래식의 세계에서도 마찬가지였다. 그보다는 혁신의 축적을 선호했고 그것이 그대로 클래식의 전통이 되었다.

　　브람스는 당시의 새로운 음악인 교향시와 오페라와 같은 낭만파적인 곡에는 손을 대지 않았다. 대신 베토벤의 계보를 잇는 작품만 남겼기 때문에 보수·반동이라고 비판받았다. '위대한 선구자의 차세대의 비극'이 여기에 있다.

　　그러나 그가 죽은 뒤, 외형적으로는 베토벤 시대의 곡이지만 그의 음악 내면에서는 다양한 개혁이 이루어지고 있었음을 알 수 있었다. 개혁자, 혁명가는 아니었지만 진보주의자였다는 것이 브람스에 대한 현재의 평가다.

　　본인이 베토벤을 의식한 탓인지 브람스의 교향곡에 대해 이야기할 때는 항상 베토벤이 뒤따라

프랑스의 음악가이자 화가인 로렌스가 그린 20세의 브람스 연필화이다. 슈만의 부탁으로 그려진 그림으로 그는 브람스의 선배로 경제적인 후원자가 되어 주었다.

나온다. 앞서 말했듯이 「제1번」은 「제10번」이라고 하고, 「제2번」은 「브람스의 전원 교향곡」, 「제3번」은 「브람스의 영웅 교향곡」이라고 불리기도 한다.

분명 「제3번」에서는 「영웅」과 같은 강한 느낌, 남성적인 이미지가 느껴진다. 「제3번」의 3악장은 감미롭고 아름다운 멜로디로 이루어져 있다.

「제3번」의 3악장은 프랑소와즈 사강의 소설 「브람스를 좋아하세요」가 잉그리드 버그만 주연의 「또 다시 안녕」이라는 제목으로 영화화되었을 때 주제곡으로 사용되었다. 이 곡은 프랑스 영화 「쉘부르의 우산」에서도 사용되었다.

브람스의 교향곡도 카라얀의 주요 연주곡목으로 4곡 모두 여러 번 녹음되었다.

브루크너

교향곡 제9번 (1896년)

안톤 요제프 브루크너
(1824~1896년)

오스트리아의 작곡가로 교회의 오르가니스트로 있으면서 종교음악을 작곡하였다. 후기 낭만파를 대표하며 바그너의 영향을 받았다. 작품으로 「테 데움」, 「제7교향곡」, 「제8교향곡」 등이 있다.

미완성으로 끝난 제9번

그럭저럭 9번까지 도달한 사람이 브루크너였다. 브루크너는 오스트리아의 린츠에서 1824년에 태어났다. 우연히도 베토벤의 「제9번」이 초연된 해와 같은 해이다. 교사의 아들로 태어나 그도 처음에는 교사가 되었다. 그러나 1855년에 작곡가가 되기로 결심하고 빈으로 향했다. 30살에 가까와서 어렵게 바꾼 진로였다. 신동이나 천재의 길과는 거리가 멀었다.

그후 대성당의 오르가니스트라는 직업을 얻고 평판도 높아졌다. 빈 음악원의 교수로 취임한 후에는 작곡 활동도 시작한다. 그는 바그너의 영향을 받아 대규모의 오케스트라 곡을 썼다. 그러나 오페라는 작곡하지 않았고 교향곡 이외에는 미사곡 등의 종교음악밖에 남기지 않았다. 게다가 생전에는 작품에 대한 평가가 좋지 않았다.

성 플로리아누스 수도원으로 이곳에서 브루크너는 교육을 받고 오르가니스트가 된다. 10년간 여기에서 일했으며 현재 이곳에 있는 오르간을 '브루크너의 오르간'이라고 부른다.

교향곡 제1번은 1866년에 완성했지만 그 이전에 습작으로서 번호가 붙여지지 않은 곡이 2곡 있다. 최초의 「제00번(1863년)」과 「제0번(1864년)」은 생전에는 연주되지 않았다. 이 두 곡까지 세면 11곡이 된다.

브루크너의 교향곡은 그야말로 강물과 같다. 물론 절정도 있고, 멜로디도 있다. 그러나 대성당과 같은 규모가 큰 장대한 곡들뿐이다. 게다가 처음 듣는 사람에게는 모두 같은 곡으로 들린다. 마치 유유히 흐르는 강물처럼.

제4번에는 「낭만적」이라는 표제가 붙어 있으며 비교적 유명한 곡이지만 이 곡을 데이트의 배경음악으로 깔아야겠다는 생각은 안 든다. 본인이 붙인 제목이지만 브루크너가 말한 낭만이란 로맨스의 낭만이 아니라 중세 로마네스틱 시대에 대한 동경을 염두에 두고 작곡했다고 한다.

앞서 말했듯이 본인이 인정하여 번호를 붙인 교향곡은 9번까지 있는데 브루크너는 자신의 작품을 많이 수정하는 작곡가로 유명하다. 그래서 같은 곡인데도 몇 종류나 되는 버전이 있다. 브루크너의 그런 점이 9곡까지밖에 완성시키지 못한 원인이기도 했다.

「제8번」을 완성시킨 것은 1887년으로 브루크너는 곧바로 「제9번」을 쓰기 시작했다. 그러나 그 이전의 작품 개정 작업에 뛰어들었기 때문에 「제9번」에 본격적으로 착수한 것은 1891년에 이르러서였다. 그리고 1896년, 제3악장까지 완성한 시점에 사망했다. 이리하여 그의 「제9번」은 "미완성"이 되었다.

최후의 작품임을 예감하게 하는 장엄한 선율

비록 미완이었지만 제3악장까지도 충분히 들을 만하기 때문에 자주 연주된다. 그러나 그렇다 치더라도 과거 작품을 수정하는 작업만

하지 않았다면 9번도 완성했을 것이고 10번까지 썼을지 모른다. 최초의 습작인 두 작품에도 번호를 붙였다면 11번까지 완성한 셈인데도 9번로 끝난 것을 보면 역시 '9의 징크스' 란 것이 존재하는 걸까? 본인도 9번이 마지막이 될 것 같다며 예감은 하고 있었다고 한다.

「제9번」은 본인이 "사랑하는 신에게 바치기 위해 썼다"고 말한 일화에서도 나타나듯이 장대하며 마치 천국과 같은 이미지의 명곡이다. 다른 곡도 그렇지만 브루크너의 교향곡은 애매모호한 상태에서 조용하게 시작한다. 언제 시작했는지 모른다. 베토벤처럼 "시작합니다" 하고 문을 두드려주지 않는다. 신칸센이 출발하는 것 같은 느낌이다. 정신을

브루크너가 작곡한 제3교향곡의 첫 페이지이다.

차려보면 이미 시작되었다.

제9번도 이런 패턴으로 조용하게 출발하지만 그 뒤 곧바로 장엄한 음악이 시작된다. 그러고는 고조되기도 하고 진정되기를 반복하면서 나아간다. 제2악장은 난장이가 춤을 추는 것 같은 인상을 준다. 그렇다고 해서 쾌활하지는 않은, 뭔가 좀 기괴한 느낌을 준다. 그리고 제3악장은 천국과 비슷한 느낌이다.

제3악장에는 작곡가 자신이 「삶으로부터 이별」이라고 이름 붙인 장엄한 음감이 있는데 마치 사원을 연상시킨다. 그리고 그때까지 완

바그너의 「탄호이저」가 공연된 해인 1863년, 39세 때의 브루크너의 모습. 이 공연에 감명을 받은 그는 바그너를 찾아가 자신의 악보를 보여 주기도 했다.

성했던 그의 작품 중 일부가 계속해서 인용되는 이른바 회상장면이 이어진다. 처음에는 금관악기가 힘차게 울리고, "우리 생애 후회 없이"라고 선언이라도 하듯이 만족감으로 가득 차 있다. 그러다가 조용하게 최후를 맞이한다. 원래 부르크너는 제4악장까지 생각했겠지만 이렇게 끝을 맺는 것도 나쁘지는 않다.

브루크너는 카라얀이 선호하는 작곡가였다. 카라얀이 최후의 콘서트에서 지휘한 곡은 브루크너의 제7번이었다. 「제9번」도 명연주 음반으로 남아 있다.

일본에는 이상한 풍조가 있는데 80살 가까운 지휘자가 말년에 브루크너를 연주하면 인기를 얻는다는 것이다. 모두 고인이 되었지만 아키히 나타카시(1908~2001년), 세르주 체리비케(1912년~1996년), 균타 반트(1912~2002년)와 같은 지휘자가 여기에 해당한다. 이런 현상에 대해서는 늙은 지휘자의 나이 속에 깃든 성스러움과 브루크너의 음악이 호응하여 고독과 외로움의 문화를 갖고 있는 일본인으로 하여금 그것에 반응하도록 한 것이라는 해석이 설득력을 갖고 있다.

말러

교향곡 제9번 (1910년)

"9가 마지막"임을 의식하고 쓴 고별곡

브루크너보다도 조금 먼저 「제9번」까지 교향곡을 쓴 작곡가가 있다. 체코의 드보르작이 제9번 「코르사코프」를 완성시킨 때는 1893년이다. 드보르작이 죽은 때는 1904년이기 때문에 시간적으로 따지면 몇 곡은 더 작곡할 수 있었을 텐데 무슨 이유에서인지 교향곡은 제9번이 마지막이 되고 말았다.

이와 같이 많은 작곡가가 9번 교향곡을 마지막으로 작곡한 뒤 사망했다는 점을 강하게 의식한 사람이 말러였다. 그는 자신도 "제9번 교향곡을 쓰면 죽는다"고 믿었다. 처음부터 말러는 죽음을 강하게 의식했다.

그는 아이가 아프지도 않은데 「죽은 아이를 그리는 노래」라는 제목의 가곡을 만들었는데, 그로부터 몇 년 뒤에 실제로 아이가 죽어 버린 비극도 있었다. 그래서 「제8번」 다음에 작곡한 교향곡 「대지의 노래」

에는 번호를 붙이지 않았다.

　　번호를 붙이지 않은 덕분인지 「대지의 노래」는 무사히 완성되었다. 그래서 말러는 안심하고 다음 교향곡에 착수했다. 이것이 「제9번」으로 1910년에 완성했다. 나아가 말러는 이 곡을 쓰는 도중 그 다음 교향곡 작곡도 시작하였는데 이것은 미완성으로 끝났다. 말러가 1911년에 사망하고 만 것이다.

　　이렇게 해서 징크스는 적중하였고 말러가 완성한 교향곡도 9번이 마지막이었다. 결과론이지만 「대지의 노래」를 교향곡 제9번이라고 이름 붙였으면 지금의 9번이 10번이 되었을 텐데 아이러니한 일이다.

　　말러의 「제9번」으로 말하자면 어떤 의미에서는 이 작품에 의해 교향곡이라는 장르가 종언을 맞이한다고 할 수 있다. 연주 시간이 90분에 가까운 대작으로 곡 전체에서 죽음과 이별의 감정이 느껴진다.

　　마지막 부분은 차이코프스키의 「비창」처럼 조용히 스러지듯이 끝난다. 「비창」의 특징을 더욱 철저히 살려 만든 느낌이다.

　　인류 전체의 기쁨을 드높게 칭송한 베토벤의 「제9번」과는 극과 극이다. 교향곡 역사의 모든 것이 여기에 집약되어 사라져 간다. '무無'로 돌아간 것이다.

비교해서 들으면 좋은 카라얀과 번스타인

　　말러의 「제9번」은 카라얀이 지휘한 말러의 녹음곡 중에서 가장 뛰어난 곡으로 미의 극치에 이르렀다는 평가를 받는다. 그러나 카라얀 음반만 들어서는 이 곡을 들었다고 말할 수 없다.

　　카라얀은 베를린 필하모니의 음악감독으로서 누구에게 지휘를 맡길 것인가를 결정할 수 있는 인사권이 있었다. 따라서 경쟁자인 번스

쇤 베르크가 1911년, 말러의 장례식 장면을 그린 그림이다.

타인은 베를린 필하모니에서 지휘할 수 없었지만 오케스트라의 강한 희망에 따라 1979년에 국제사면위원회의 자선콘서트에서 번스타인의 객원 지휘가 실현되었다.

그때 연주된 곡이 말러의 「제9번」으로 번스타인이 베를린 필하모니를 지휘하며 연주한 유일한 곡이 되었다.

카라얀과 번스타인이 죽은 뒤인 1992년에, 방송용으로 녹음되었던 번스타인 지휘의 음반이 발매되었다. 이 연주에서 베를린 필하모니는 번스타인의 감정 폭발에 호응하여 열연을 했다. 거의 같은 시기에 녹음한 카라얀 지휘의 녹음판과는 완전히 다르다. 이 곡은 통곡의 교향곡이며 고통 끝의 휴식으로서의 죽음과 번민 그리고 고별이 그려져 있다.

「대지의 노래」 가운데 제5악장으로 말러의 자필로 쓰여진 악보이다. 독서광이기도 했던 그는 동서양 고전에 심취했으며 이 곡은 이태백의 시를 독일어로 번역한 가곡이다.

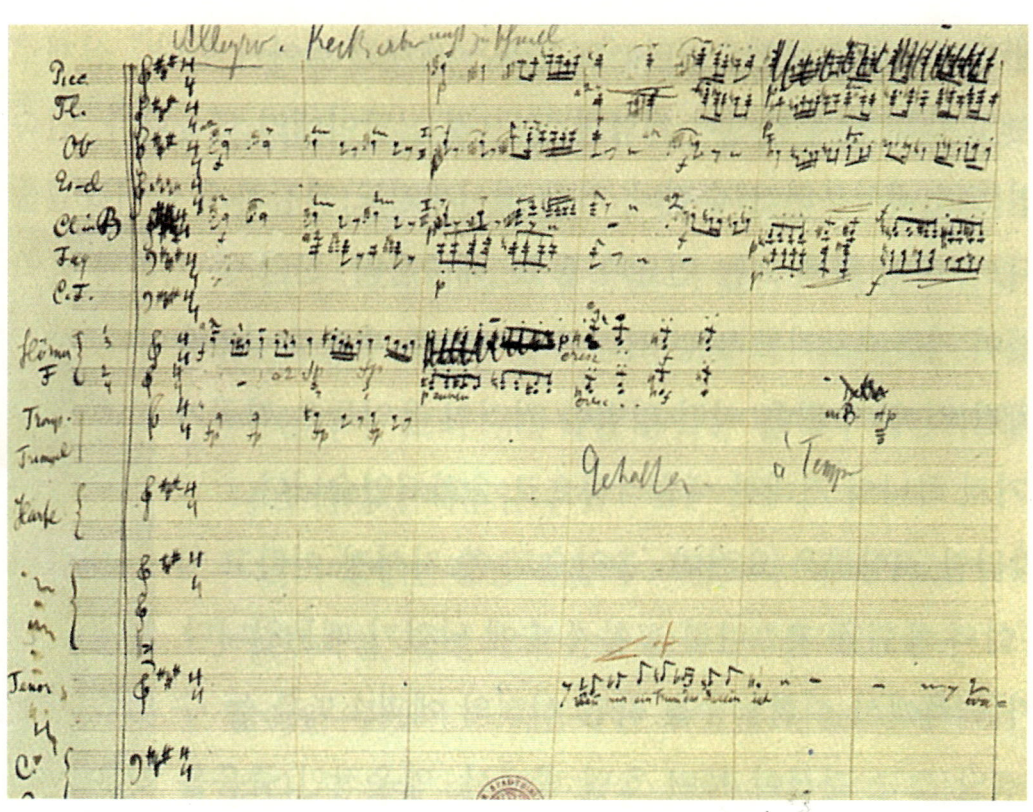

쇼스타코비치

교향곡 제9번 (1945년)

공산 체제 하에서 쓴 곡

말러 다음으로 「제9번」을 의식한 작곡가가 쇼스타코비치였다.
그는 결과적으로 15번까지 교향곡을 완성시켰다. 쇼스타코비치는 1906
년에 태어났고 그가 11살 때에 러시아혁명이 일어난다. 이후 사회주의
체제 아래서 죽을 때까지 활약했다. 공산당원이기도 했고 당의 요직에
도 앉았다. 그런 한편으로 스탈린 시대에는 정부로부터 탄압을 받기도
하며 언제나 국가와 긴장 관계를 유지하며 속에서 예술가로서의 삶을 살
았다.

바흐와 모차르트 등 200여 년 전의 작곡가의 생애와 작품에 대
해서 의혹이 많은 이유는 시간의 벽이 있기 때문이라고 설명할 수 있다.
그러면 30년 전까지 살아 있었던 쇼스타코비치의 생애와 그 작품이 의혹
투성이인 것은 어째서일까?

그는 등단 당시부터 주목을 받았기 때문에 무명 시절이 없었다. 작품은 모두 출판되었다. 그에 관한 자료는 산더미만큼 있다. 하지만 그런 자료들을 전혀 신뢰할 수 없다는 점에서 쇼스타코비치의 생애가 의문스러운 것이다. 소비에트 국내에서 출판된 것과 서방에서 「쇼스타코비치의 증언」이라는 제목으로 출판된 것, 둘 다 어디까지가 진실인지 알 수 없다.

쇼스타코비치는 서방으로 망명한 다른 작곡가들과 달리 끝까지 조국을 떠나지 않으려 했고 마침내 스탈린이 죽은 후 다시 복권되었다.

공적으로 출판된 것만이 아니다. 개인이 남긴 편지와 일기도 당시의 소련 사회에서는 국가가 검열하고 있었기 때문에 빙 돌려서 썼거나 모호한 표현이 많다. 더구나 그에 한해서는 공문서가 가장 믿을 수 있어야 함에도 불구하고 정부가 발표한 문서일수록 신빙성이 더 없다. 매스컴 또한 정부의 감독 하에 있었으므로 믿을 수 없다. 그가 살아가고자 했던 소련이란 조국은 그런 나라였다.

가장 의혹투성이인 교향곡

쇼스타코비치의 교향곡 「제9번」이 완성된 때는 1945년이다. 제2차 세계대전에서 소련이 전승국이 되었기 때문에 그것을 축하하는 대작이 기대를 모았다. 전쟁 중에 만들어진 제7번 「레닌그라드(1941년)」는 독일군에게 포위되었을 당시의 전투를 표현했고 소비에트 인민의 승리를 확신하며 끝을 맺었다.

이어지는 「제8번(1943년)」은 표제는 없지만 고난을 극복한 승리를 그렸다고 알려져 있다. 모두 소비에트 정부로부터나 미국으로부터 절찬을 받았다. 이 시기에는 미국과 소련이 손을 잡고 독일과 전쟁을 하던 때였다.

전쟁은 승리로 끝났다. 쇼스타코비치는 다음 교향곡에 착수한다. 제9번이라는 상징적인 의미 때문에라도 스탈린은 베토벤의 위대한 「제9번」에 필적할 대작을 기대했다. 당연히 자신에 대한 찬가가 만들어질 줄 알았다. 그런데 완성된 곡은 연주 시간이 20분이 조금 넘는 짧은 작품이었다. 게다가 중후함과 장대함, 장엄과 화려함과는 정반대로 경쾌하고 세련된, 패러디 정신이 넘쳐나는 작품이었다. 스탈린은 격노하였고 쇼스타코비치는 국가 전체로부터 비판을 받는다. 소련이란 나라에서 국가에게 비판을 받는다는 의미는 죽음으로 이어질 가능성도 있었다.

쇼스타코비치는 왜 위험을 무릅쓰고 제9번을 그와 같이 작곡하였을까? "베토벤은 물론이거니와 말러의 「제9번」이 존재하는 이상 중후하고 장대한 제9번 따위는 아무런 의미가 없다. 이제는 패러디로 갈 수밖에 없다"라고 생각했기 때문일까? 진의를 알 수 없는 수수께끼의 작곡가이므로 진실을 알기란 힘들다. 쇼스타코비치가 다음 「제10번」을 발표한 것은 스탈린이 죽은 뒤이다. 그것은 너무나도 어둡고 암울한 곡이었다.

카라얀은 쇼스타코비치의 교향곡 가운데서 어두운 이미지의 「제10번」밖에 녹음하지 않았으므로 9번을 들으려면 번스타인의 음반을 추천한다. 짧은 곡이므로 쇼스타코비치의 「제5번」, 아니면 「제6번」과 함께 묶여 있을 것이다.

연주회를 갖기 위해 내한한 쇼스타코비치와 그의 아들 드미트리의 모습이다.

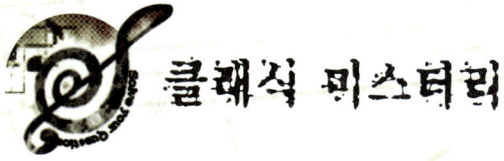

클래식 미스터리

불길한 교향곡 제9번에 줄곧 농락당했던 말러의 생애

작곡가가 여러 교향곡을 작곡했을 때, 보통은 작곡한 순서대로 제1장, 제2장…… 하는 식으로 번호를 붙여간다. 구스타프 말러 역시 작곡 순서대로 번호를 붙여 발표했지만, 9번째와 10번째 교향곡은 변칙적이었다. 그는 9번째 교향곡에 「대지의 노래」라고 이름 붙이고 10번째 교향곡을 교향곡 「제9번」이라고 했다. 9번째 교향곡에 「대지의 노래」라는 제목을 붙이고 싶으면 교향곡 제9번 「대지의 노래」 식으로 번호와 제목을 동시에 붙여도 된다. 실제로 베토벤의 교향곡처럼(교향곡 제3번 「영웅」 등) 번호와 고유명으로 함께 부르고 있는 곡도 많다.

그런데도 9번째 교향곡을 "제9번"이라고 부르기를 꺼려했던 이유는 무엇일까?

이 이유는 말러가 죽음을 의식했기 때문이다. 말러는 불길하다며 싫어하던 아내의 반대를 무릅쓰고 독일의 시인 프리드리히 뤼케르트의 시에 음악을 붙인 가곡집 「죽은 아이를 그리는 노래」를 발표했는데 그 후 5살 난 장녀를 병으로 잃는 불행한 사건을 겪는다. 그런 말러에게 교향곡 제9번은 너무나 불길한 제목이었다.

베토벤은 교향곡 제9번을 발표한 4년 뒤에 죽었고, 드보르작도 교향곡 제9번 「신세계」가 마지막 교향곡이 되었다. 이런 앞서간 음악가들의 죽음을 의식했던 결과 말러는 "교향곡 제9번을 작곡하면 자신도 죽지 않을까" 하는 생각을 한 것이다. 그런데 그는 교향곡 「제9번」을 발표한 다음 해인 1911년 원래대로라면 교향곡 제10번이 되었을 곡을 작곡하던 도중에 세상을 떠났다.

만일 10번째 교향곡이 원래 번호대로 교향곡 제10번이

되었다면 그는 더 장수할 수도 있지 않았을까? 아무래도 운명이라고 밖에 할 수 없는 불길한 이야기이다.

고령이 될 때까지 웬일인지 재능을 인정받지 못했던 브루크너

다수의 명곡을 남긴 유명 작곡가라면 젊어서 두각을 나타낸 천재라는 이미지가 떠오르는데 그중에는 상당히 나이를 먹고 나서 인정을 받은 대기만성형의 인물도 있다. 그런 경우의 전형이라고 해야 할 사람이 19세기 오스트리아에서 활약했던 요제프 안톤 브루크너이다.

그의 교향곡이 최초로 성공한 때는 1884년 12월에 독일 라이프치히에서 교향곡 제7번이 연주되었을 때로, 이때 브루크너는 놀랍게도 60세가 넘었다. 게다가 빈에서의 성공은 이보다 8년이 더 지난 뒤인 1892년 12월, 교향곡 「제8번」을 초연할 때였다. 이렇게 노령이 된 뒤에 각광을 받게 된 작곡가도 드물다.

왜 브루크너의 뛰어난 재능이 인정을 받는데 이렇게 긴 세월이 필요했을까?

브루크너가 음악가를 목표로 한 시기가 그렇게 늦었던 것도 아니다. 13살 때 근처에 있는 수도원에 들어간 그는 매일 오르간 연주를 들으면서 음악의 훌륭함에 매료되었고 그래서 음악가의 길을 선택하기로 결심했다. 다만 작곡 공부를 시작한 것은 다른 많은 작곡가들에 비해 많이 늦었다. 빈 음악원의 문을 두드려 스승인 제히터 교수에게 음악 이론과 작곡법을 배우게 된 나이는 30

살이 지난 무렵이었다. 하지만 가르침을 받은 브루크너의 발전은 눈부셨고, 교향곡 「제1번」은 40대 중반에 완성되었다. 그 2년 전에 만든 교향곡도 훗날 발견된다.

60세 이전에 쓴 곡을 보면 바그너에게 바치면서 평가받았던 교향곡 제3번 「바그너」, 오늘날에도 인기가 높은 교향곡 제4번 「로맨틱」과 같은 명곡이 있다.

이 곡들은 발표했을 때 곧바로 인정받았더라도 좋았을 곡인데 왜 이렇게 늦게 갈채를 받았을까?

그 이유는 당시 오스트리아와 독일의 음악계를 둘러싸고 있던 파벌 싸움 때문이었다고 한다. 19세기 후반, 오스트리아와 독일의 음악계에서는 리스트나 바그너 등 감정 표현이 심한 신독일악파라고 불리는 그룹과 브람스나 비평가 E·한슬리크 등 "바흐, 베토벤으로 돌아가라"고 주장하는 신고전파가 대립하고 있었다. 브루크너는 자신의 교향곡을 바칠 정도로 바그너의 팬이었고 그것을 감추려고 하지 않았기 때문에 신고전파의 미움을 샀다고 한다.

더구나 1868년부터 브루크너가 살고 있던 빈은 신고전파의 근거지로 한슬리크가 커다란 세력을 갖고 있었다. 그런 한슬리크가 브루크너를 눈엣가시로 여기고 있었던 것이다. 따라서 브루크너는 쉽게 정당한 평가를 받지 못하고 주목을 받는 것이 늦어졌다고 한다.

05

거장의 명연주로
알려진 곡

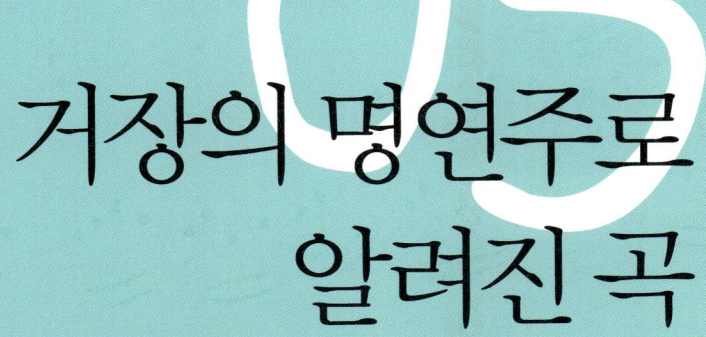

이 곡들은 일반인들 사이에서 지명도는 그다지 높지 않지만
클래식 팬이라면 누구나 알고 있는 명곡을 연주했다는 점에서 골랐다.
보통 클래식은 어디까지나 작곡가의 작품으로서 감상한다.
그러나 그중에서 '명연주에 의해 탄생한 명곡'이라고 할 수 있는,
한 사람의 연주자와 떼놓을 수 없는 명곡도 있다.

베토벤

대공 (1811년)

루드비히 반 베토벤(1770~1827년)

고전주의와 낭만주의 전환기에 있어서 주요한 음악적 인물로 역사상 가장 위대한 작곡자 중의 한 사람으로 인정을 받고 있다. 원만하지 못한 성격을 지니고 있었지만 작곡에 있어서만큼은 초자연적인 집중력을 보여 역사에 남는 위대한 곡들을 많이 작곡했다.

최후이자 최고의 피아노 트리오

무라카미 하루키의 「해변의 카프카」로 유명해진 곡이 「대공」이다. 이 곡은 실내악의 피아노 트리오(3중주곡)라는 장르의 곡으로 피아노, 바이올린, 첼로의 3악기로 연주한다.

베토벤은 11곡의 피아노 트리오를 작곡하였는데 「대공」은 그중 제7번이다. 그러나 작곡한 순서로는 8번 이후의 작품보다도 늦게 작곡한 곡으로 실질적으로는 이 곡이 마지막 피아노 트리오가 되었다. 하지만 마지막임과 동시에 최고 걸작이기도 하다.

이 작품으로 피아노 트리오의 정점을 찍겠다는 생각이 있었기 때문에 이후로는 베토벤이 피아노 트리오곡을 쓰지 않았다는 주장도 있다. 이 곡은 1811년에 베토벤 본인이 피아노 연주를 맡으며 초연되었다. 이 콘서트는 베토벤이 공공장소에서 피아노 연주를 한 마지막 콘서트가

13세 때 베토벤의 모습으로 그를 이용하여 돈을 벌려했던 아버지의 욕심으로 불우한 어린 시절을 보냈다.

되었다. 청력이 나빠졌기 때문에 그 뒤로는 연주 활동을 하지 못한 것이다.

「대공」이라는 제목은 베토벤이 붙이지 않았다. 이 곡이 오스트리아의 루돌프 대공에게 헌정되었기 때문에 이렇게 부르는 것뿐이다. 물론 대공을 묘사한 곡도 아니다.

루돌프 대공은 오스트리아 황제 레오폴드 2세의 막내 아들이었다. 16살 때부터 베토벤에게 피아노와 작곡을 배웠지만 음악가로서는 재능이 부족했다. 그러나 그는 후견인으로서 베토벤을 경제적으로 지원하였기에 음악사에 이름이 남았다. 「대공」이라 부르는 것은 그 공적을 칭송한다는 의미일 것이다.

"100만 달러 트리오"의 속내

피아노 트리오는 실내악의 일종으로 대형 홀에서 연주하지 않고 살롱처럼 작은 회장에서 연주할 것을 전제로 하여 작곡한다. 세 연주가의 기술과 세 사람이 얼마나 마음이 맞고 호흡을 맞춰 연주하는가를 즐기는 장르다. 그러나 현재에는 명연주가 3명을 부르면 출연료가 거액에 이르러 관객 수가 적은 소규모 홀에서는 타산이 맞지 않아 대형 홀에서 연주한다. 그렇게 되면 미묘한 호흡까지는 알 수 없다. 쉽지 않은 문제이다.

게다가 명인만 3명 모으면 다 해결되는 것도 아니다. 음악가는 성격적으로도 개성이 강한 사람들, 솔직히 표현하면 제멋대로인 사람이 많기 때문에 각각이 자기 주장을 하면 조합이 잘 이루어지지 않는다. "당신의 템포에 맞춰 연주할 수 없어", "당신의 해석은 근본적으로 이상해"라는 등의 말을 해서 연주가 결렬되는 경우도 있다. "두 영웅은 병립하지 않는다"는 말도 있지만 '세 영웅'은 더욱 함께 하기 힘들다. 따라서 바이올리니스트 아니면 피아니스트를 리더로 하고 나머지 두 사람은 조금 격이 아래인 연주가를 모아놓았을 때 조화가 잘 이루어진다.

「해변의 카프카」에 등장하는 곡은 1941년에 녹음한 오래된 레코드에 수록되어 있다. 연주 멤버를 소개하자면 루빈슈타인(1887~1982년)은 폴란드 출생으로 미국으로 건너가 거장이 된 피아니스트이다. 하이페츠(1801~1987년)는 러시아 출신의 바이올리니스트이다. 포이어만(1902~1942년)은 우크라이나에서 태어났지만 오스트리아인이고 독일에서 활약한 뒤에 미국으로 건너간 첼리스트이다.

당시 이 구성은 '100만 달러 트리오'라고 불렸다. 당연히 녹음할 때는 3명의 의견이 쉽게 맞지 않았고 모두 자신이 돋보이려고 하여 힘이 들었다. 그래도 녹음은 무사히 끝났고 훌륭한 음반이 탄생했다. 유감스럽게도 가장 젊은 포이어만이 녹음 직후 39살의 나이에 급사하였기 때문에 이 트리오가 연주한 음반은 이것뿐이다.

러시아 출신의 바이올리니스트 하이페츠(상)의 모습과 우크라이나 출신의 첼리스트 포이어만(하)의 모습이다.

말년에 청력이 안 좋아졌던 베토벤이 사용하던 보청기이다.

바흐

무반주 첼로모음곡
(1720년경)

요한 세바스찬 바흐(1685~1750년)
루터교의 독실한 신자였던 바흐
는 신을 위해 끝없는 봉사를 했
으며 풍부한 멜로디와 절묘한
대위법으로 음악 곳곳에 종교적
인 신명이 어려 있다. 베토벤은
바흐를 가리켜 화성의 아버지라
고까지 했는데 기악 독주곡, 중
주곡, 합주곡, 협주곡, 류트곡
등 여러 방면에 많은 작품을 작
곡하였다.

묻혀 있던 명곡

무명의 곡이 한 연주가의 발굴을 통해 명곡이 된 예가 있다. 비발디의 「사계」가 200년 가까이 묻혀 있었다는 사실은 제1장에서 언급했지만 여기서 얘기할 바흐의 곡도 20세기가 돼서야 명곡으로 인정받은 작품이다.

바흐의 「무반주 첼로모음곡」은 파블로 카잘스 없이는 이야기할 수 없다. 카잘스는 1876년에 바르셀로나 근처의 마을에서 교회 오르가니스트의 아들로 태어나 피아노, 오르간, 바이올린 모두를 배웠는데 10살부터 시작한 첼로가 평생을 함께 하는 악기가 되었다. 그가 솔로 첼리스트로서 데뷔한 때는 1899년이었다. 스페인이 프랑코가 지배하는 독재정권 아래 놓이자 외국으로 망명하여 평생에 걸쳐 반파시스트의 입장을 고수했다. 20세기를 상징하는 격동의 인생이었지만 80살에 20살의 제자와 결혼하는 등 말년에는 행복한 날들을 보냈다. 그리고 1973년, 96살에 사망했다.

카잘스가 소년 시절에 바르셀로나의 고악기점에서 발견한 악보가 바흐가 작곡한 「첼로 독주를 위한 6개의 모음곡」이었다. 우리나라에서는 「무반주 첼로」라고 불리는 곡이다. 보통은 피아노 반주가 있는데 이 곡에는 없으므로 '무반주'라고 번역한 것인지 모르겠지만 원래는 '독주 첼로'라고 번역하는 것이 자연스럽다. 그러나 「무반주 첼로」라고 부르는 편이 고고하고 고귀한 이미지가 떠오르는 것은 부정할 수 없는 사실이다.

명연주가는 명곡을 안다

바흐가 이 모음곡을 언제 무엇을 위해 작곡했는지는 잘 알려져 있지 않다. 1720년 전후에 독일의 쾨텐에 머물던 시절에 그 지역 궁정 악단의 첼로 연주자를 위해 작곡하지 않았을까 하고 추정하고 있다. 기교적으로 상당히 어려워서 카잘스가 악보를 발견했을 무렵에는 전문가 사이에서 단순한 연습곡으로밖에 생각하지 않았다. 전체 6곡으로 구성되었고 각각이 다시 6개로 쪼개져 있다. 먼저 전주곡이 있고 그 다음에 5개의 무곡이 뒤를 잇는다.

카잘스는 직감적으로 이 곡이 뛰어난 예술 작품임을 간파하고 10여년에 걸쳐 연구하고 연습을 거듭한 끝에 전곡을 연주하여 세계를 놀라게 했다. 이런 명곡이었나 하여, 그 후 이 모음곡은 첼리스트에게는 성서와 같은 존재가 되었다.

첼로는 오케스트라 속에서 조력자의 위치에 있다. 저음을 받쳐주는 중요한 역할을 하고 있기 때문에 없어서는 안 되는 존재지만 화려

첼로의 성자聖子라고 불리는 카잘스가 첼로를 최초이자 거의 마지막으로 다른 사람에게 배운 것은 그의 나이 10세 때 호세 가르시아에 의해서였다.

바흐가 「마태 수난곡」을 작곡한
것은 위 그림에서 보이는 드레
스덴의 카톨릭 교회를 위해서였
으며 이곳에서 바흐는 궁정 작
곡가의 칭호를 받기도 했다.

함은 부족하다. 그런 첼로만으로 연주했다는 얘기이므로 서툰 연주가가
연주하면 따분하기 그지없는 곡이 된다. 연습곡으로 취급받던 이유도
거기에 있다. 연주가에 따라서 이렇게 많이 좌우되는 곡은 없다.

　　먼저 경의를 표하고 카잘스의 음반을 들어야 한다. 전쟁 전에
녹음한 것이어서 음질은 좋지 않지만 분명히 뭔가를 느낄 수 있을 것이
다.

바흐
골드베르크 변주곡
(1742년)

Johann Sebastian Bach

요한 세바스찬 바흐(1685~1750년)

음악의 아버지라고 불리는 바흐의 최후의 곡은 「푸가의 기법」으로 미완성인 채 끝이 났다. 급격하게 쇠약해진 시력과 뇌졸중의 발작으로 결국 실명을 하게 되고 그동안 복용해 온 약의 급격한 해독으로 인해 전신 허약 증세를 보이며 세상을 떠났다.

콘서트를 거부한 천재 피아니스트 굴드

바흐의 「골드베르크 변주곡」은 쳄발로를 위한 곡이다. 바흐 시대에는 오늘날과 같은 피아노가 아직 없었기 때문에 원전주의의 시각에서 보면 쳄발로로 연주하는 것 외에 다른 악기로 연주하는 것은 정도에 어긋난다 하겠다.

한편으로 바흐가 지금 살아 있었다면 틀림없이 피아노를 위해 썼을 것이라고 해석하는 사람도 있어서 피아노로 연주되는 경우도 많다.

이 곡을 단숨에 유명 곡으로 만든 사람이 캐나다 태생의 피아니스트, 글렌 굴드였다. 굴드는 1932년에 태어나 12살에 음악원을 졸업해 버리고 14살에 데뷔했다. 20세기의 신동 가운데 한 사람이다.

1955년에 바흐의 「골드베르크 변주곡」으로 첫 레코드를 냈는데 참신한 해석으로 전 세계에 충격을 주었다. 이리하여 굴드는 세계적

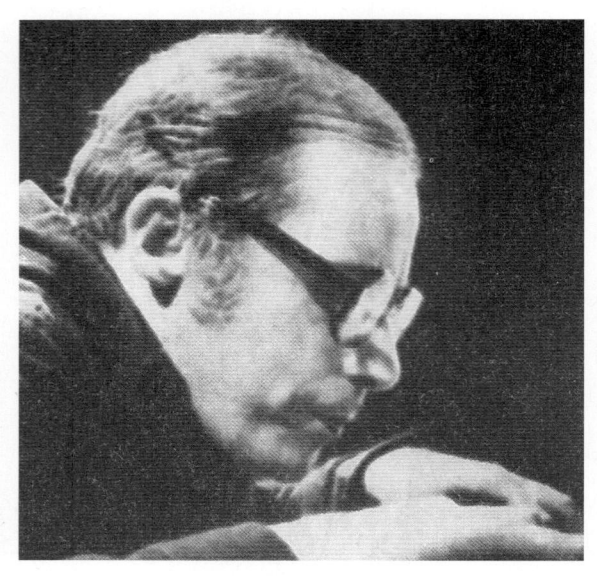

글렌 굴드는 캐나다의 피아니스트로 20세기 위대한 연주자 가운데 한 사람이다. 무엇보다 시대 풍토에 맞서 현대적 피아노 연주와 해석의 새로운 장을 만들었다는 평가를 받는다.

인 천재 피아니스트로서 명성을 얻는다. 그러나 극도로 사람을 가리는 성격으로 1964년에 무대 활동을 은퇴한다고 선언하고는 이후에는 녹음실에서만 연주했다. 비틀즈도 말기에는 콘서트는 열지 않고 스튜디오에 틀어박혀 앨범 제작에 전념했다고 하지만 그는 그보다도 빨랐다. 그리고 1982년 50살의 젊은 나이에 사망한다.

죽음 직전에 마지막으로 녹음한 곡도 「골드베르크 변주곡」이었다. 이 곡은 영화 「양들의 침묵」에도 등장했다. 렉터 박사가 감옥에서 듣던 곡이 바로 이 곡이다. 원작 소설에서는 굴드 연주가 녹음된 레코드를 듣고 있다고 쓰여 있다. 일본 TV드라마 「롱 버케이션」에 등장한 키무라 타쿠야(피아니스트 역)가 동경하던 피아니스트가 글렌 굴드이다.

「골드베르크 변주곡」역시 작곡가 본인은 모르는 곡명이다. 바흐가 붙인 곡명은 「2단 건반을 가진 쳄발로를 위한 아리아와 여러 변주」라는 제목인데, 맛도 묘미도 없다. 골드베르크란 드레스덴에서 활동하던 쳄발로 연주자의 이름으로 그를 위해 쓴 곡이므로 이렇게 부른다.

잠들기 위한 곡을 잠이 깨도록 연주하다

골드베르크는 드레스덴 주재 러시아인 대사 카이저링크 백작을 모시고 있었다. 백작은 불면증을 앓고 있었기 때문에 잠들지 못하는 밤에는 수면제 대신에 골드베르크에게 쳄발로를 연주하게 했다. 어느 날

백작이 바흐가 있는 라이프치히에 와서 얼마간 머무르게 되었다. 골드베르크가 백작을 수행하고 있었는데 백작은 잠들지 못하는 밤을 위해 바흐에게 곡을 의뢰해야겠다고 생각하고 곡을 맡겼다. 그렇게 탄생한 곡이 「골드베르크 변주곡」이다. 작곡된 시기는 1741년 무렵이라고 추정하고 있다. 바흐 말년의 작품이다.

　　원래는 잠들기 위한 곡을 잠이 깨도록 연주한 사람이 글렌 굴드였다. 설상가상으로 그 곡을 배경음악으로 하여 살인을 한 사람이 렉터 박사이다.

　　변주곡이란 기준이 되는 멜로디가 있고 그것을 여러 가지 방법으로 변형시켜가는 기법으로 만들어진다. 영어로 말하자면 베리에이션 variation이다. 이렇게 표현하는 것이 이미지 파악에 도움이 될 것이다.

　　「골드베르크 변주곡」의 베이스가 되는 부분은 첫머리의 아리아라고 불리는 부분으로 4분의 3박자의 느리지만 투명감과 청량감이 있는 아름다운 곡이다. 이 곡은 여러 가지로 변주되었는데 전부 30곡으로 변주되었다. 그리고 마지막 부분에서 다시 원래의 아리아로 되돌아온다. 그런데 이 변주곡에서는 아리아의 멜로디는 처음에만 나올 뿐이고 나중에는 전혀 다른 곡이 되기 때문에 도대체 어디가 변주곡이란 말인지 알수가 없다는 생각이 든다.

　　그래서 해설서를 읽으면 "선율 자체를 변주 하지는 않고 저음의 기본적인 음의 움직임을 바탕으로 한 화음 진행만을 변주의 기반으로 하고 있다"고 쓰여 있다. 점점 더 무슨 말인지 모르겠지만 요약하자면 음악의 전문 지식이 없으면 변주곡의 재미를 알 수 없다는 말이다. 전문 지식이 있고 악보도 정확히 읽을 수 있는 사람에게는 바흐가 장치해 둔 여러 기교가 떠올라 이렇게 재미있는 곡은 별로 없을 거라고 생각할지도 모른다.

영화 「양들의 침묵」에서 렉터 박사 역을 맡은 안소니 홉킨스의 모습으로 그가 살인을 저지를 때 「골드베르크 변주곡」이 흐른다.

그러면 지식이 없는 사람은 들어도 알 수 없는 것일까? 분명히 변주곡으로서의 이해는 어렵겠지만 기분 좋은 음악으로 느낄 수 있다면 그것으로 충분하다. 원래 수면제 대신으로 만들어진 곡이므로 악보를 지긋이 들여다보며 듣다가 "재밌어서 밤을 새 버렸다"고 한다면 작곡가의 의도와는 달라지기 때문이다.

굴드가 녹음한 두 개의 음반 가운데 처음 것은 빠른 템포로 무척 젊고 재기발랄한 느낌이 든다. 전혀 바로크적이 아니라 바흐의 이미지를 일신시키려고 하는 혁명적인 투사로서의 패기가 느껴진다.

두 번째의 것은 상당히 차분한 템포로 이 세상과의 이별을 애통해하는 것 같기도 하고 혁명을 달성한 뒤 밀려오는 혁명가의 고독과 허무함을 표현한 것 같기도 하다.

그렇게 생각하고 듣기 때문인지 몰라도 보통은 작곡가의 마음을 연주가의 기교를 통해 느끼는 것인데 굴드가 연주하는 「골드베르크 변주곡」은 바흐의 기교를 통해 굴드의 마음이 느껴진다는 점에서 그야말로 명연주곡이라 하겠다.

지아코모 푸치니(1858~1924년)

주세페 베르디의 후계자로 독일 오페라와 이탈리아 오페라 기법 둘 다 성공적으로 사용한 작곡가 중 하나로 평가받고 있다. 그의 오페라 가운데 아리아 잔니 스키키에서 「오 사랑하는 나의 아버지」와 투란도트에서 「공주는 잠을 이루지 못하고」는 널리 알려져 있다.

푸치니

토스카 (1898~1899년)

공적, 사적으로 모두에게 주목을 받은 가수 칼라스

BC는 기원전(befor christ)이라는 의미인데 오페라 역사에서 BC란 "칼라스 이전"이라는 의미이다. 마리아 칼라스 이전과 이후의 오페라는 크게 달라지기 때문이다.

칼라스는 1923년에 뉴욕에서 태어난 그리스인으로 20세기 후반을 대표하는 소프라노 가수이다. 양친의 이혼과 함께 그리스로 돌아가 아테네에서 공부한 후, 1941년에 프로 오페라 가수로 데뷔한다. 그녀는 오페라의 전당인 밀라노의 스카라극장에서 1950년대에 여왕으로 군림했다. 그러나 너무 노래를 많이 했기 때문에 목이 상하여 전성기는 10년 정도로 끝나고 1977년 파리에서 홀로 외롭게 사망했다.

부모보다도 연상이었던 부호와의 결혼과 이혼, 대부호 오나시스와의 연애와 파국(칼라스는 이혼 후, 오나시스가 자신과 결혼할 것이라 생각하고

오나시스와 식사를 하고 있는
칼라스의 모습이다.

기다렸는데 오나시스는 케네디 대통령의 미망인인 재클린과 결혼해 버렸다), 20킬로
그램이나 감량한 다이어트(촌충을 먹었다는 소문이 있다) 등, 사생활 면에서
도 매스컴의 주목을 받는 대상이었다.

칼라스가 이룩한 오페라 혁명의 진수

칼라스의 목소리는 결코 미성이 아니었다. 그러나 그 점이 오히
려 오페라 혁명을 이룩하는 추진력이 되었다. 단순히 미성으로 목청을
높이면 되었던 오페라 가수의 시대가 끝나고 용모와 연기력까지 겸비한
종합적인 표현자로서가 아니면 통용되지 않는 시대를 만든 사람이 칼라

스였다. 한 사람의 가수가 오페라계 전체의 변혁을 이끌어낸 것이다.

칼라스의 특기였던 역할 가운데 하나가 토스카이다. 오페라 「토스카」는 푸치니가 1898~18999년에 걸쳐서 작곡하였고 1900년에 초연되었다.

주인공 토스카는 오페라 가수로 시대 배경은 1800년의 로마이 다. 당시 이탈리아는 오스트리아의 지배를 받았다. 거기에 대항하는 민족 독립운동이 격화되어 비밀경찰이 탄압을 하기 위해 비밀리에 활약한 다. 토스카의 애인이었던 화가 카바라도시는 이 운동에 참여한다. 한편, 경시총감은 토스카를 자신의 여자로 만들려 한다. 이 세 사람을 축으로 하여 겨우 하루 동안에 일어난 일을 그린 이야기인데 줄거리만 봐도 드

제누스 오페라단이 푸치니의 「토스카」 공연에 앞서 예술의 전당 오페라극장에서 리허설을 하고 있는 모습이다.

라마로서의 긴장감이 응축되어 있음이 느껴진다. 드라마와 음악이 훌륭하게 융합된 작품으로 근대 연극으로도 통용된다. 칼라스가 스타가 되기 반세기 전에 작곡된 곡이지만 마치 칼라스가 등장할 것을 예상하고 있었던 것 같다.

가수라는 역할 때문에도 칼라스는 토스카와 일체화되었다. 그중에서도 유명한 부분이 "나는 노래에 살고 사랑에 산다"는 부분으로, 오페라에 출연하지 않은 뒤에도 콘서트에서 자주 불렀다. 이 곡은 칼라스의 주제곡이나 마찬가지였다.

1950년대는 비디오가 아직 발달되지 않아서 공연 모습을 찍어두는 것조차 기술적으로 어려웠던지 칼라스의 무대 기록은 음성 녹음과 사진밖에 없다. 그중에서 「토스카」는 부분적이지만 영상이 남아 있어서 DVD에 수록되어 있다. 또 1953년에 녹음한 음반도 토스카의 명음반으로 손꼽히고 있다.

베르디

오텔로 (1886년)

주세페 베르디(1813 ~ 1901년)

19세기 이탈리아 오페라계에서 가장 영향력 있는 작곡가로 그의 작품은 세계 각지의 유수의 오페라극장에서 자주 상연되고 있다. 온음계를 사용하고 멜로 드라마 경향을 보여 일반 민중의 취향을 전하고 있다는 비난에도 불구하고 한 세기 반 동안 오페라 공연 목록을 차지하고 있다.

알려진 줄거리를 누가 어떻게 연기할까?

BC가 "칼라스 이전"이라면 AD는 "도밍고 이후(after domingo)"라고 한다. 3대 테너 중 한 사람으로 62살을 넘긴 지금도 현역으로서 활약하고 있는 플라시도 도밍고, 그가 가장 성공적으로 해낸 역할이 오텔로이다.

「오텔로」는 베르디 후기의 걸작으로 셰익스피어의 「오셀로」를 원작으로 한다(이탈리아어로는 오텔로라고 발음한다). 초연은 1887년에 열렸다. 셰익스피어의 작품은 많은 작곡가가 오페라로 만들었는데 베르디도 「오텔로」 외에 「맥베스」, 「팔스타프(원작은 「윈저의 즐거운 아낙네들」)」를 각색했다.

내용은 원작과 같다. 베네치아의 장군 오텔로가 부하였던 야고의 배신과 음모로 아내가 불륜을 저지르고 있다고 의심하다가 마침내 파멸한다. 오텔로와 아내 데스데모나의 이중창 「벌써 밤의 어둠이 내리고」와 데스데모나가 부르는 「아베 마리아」, 「버들의 노래」 등이 명곡으로 꼽힌다.

베르디도 초기에는 기존형인 넘버 오페라라고 하는 형식을 취했다. 넘버 오페라란 노래를 계속 부르며 이야기를 진행시키는 형식으로 각각의 노래에 번호가 붙여져 있기 때문에 넘버 오페라라고 부른다. 이에 반해 후기에는 전편이 하나의 긴 곡처럼 바뀌었다. 막이 오르고 난 뒤 계속해서 음악이 끊이지 않고 흐른다.

모든 오페라가 그렇지만 특히 「오텔로」와 같이 이야기의 줄거리가 알려진 오페라는 줄거리에 대한 흥미 때문에 보거나 듣는 것이 아니다. 「명성왕후」를 연극이나 영화로 볼 때도 과연 변장이 성공할 것인가 실패할 것인가를 두고 두근두근하면서 보는 사람은 없을 것이다. 누가 어떻게 연기할까(=노래할까), 어떻게 연출했나, 어떻게 해석했을까, 하는 점에 흥미가 있을 뿐이다. 작품 자체도 출연자에 대한 예비 지식 없이 오페라를 감상하면 재미가 반감된다.

셰익스피어의 명배우도 감탄한 대머리 도밍고의 연기와 노래

「오텔로」 하면 우선 도밍고가 등장하는 음반을 감상해야 한다. 영국의 셰익스피어극의 명배우 로렌스 올리비에(「바람과 함께 사라지다」로 유명한 비비안 리와 결혼하기도 했다)는 오셀로 연기로 극찬받았지만 그런 그가 도밍고의 오페라를 보러 가서 "그는 연기뿐만이 아니라 노래까지 하는가"하며 감탄했다는 일화가 있다.

이 오페라 역시 단순히 목소리가 좋다고 해서 잘 할 수 있는 것이 아니고 무대 배우로서의 연기력을 필요로 한다. 젊은 시절과 비교해

스페인의 테너가수 플라시도 도밍고가 독일 비스바덴에서 공연을 하고 있는 모습이다.

서 목소리는 쇠약해진 도밍고지만 지금 또다시 당대 제일의 오텔로 가수로서 군림할 수 있는 이유는 연기력에 있다. 젊은 시절에는 150킬로의 강속구로 삼진을 잡아내던 투수가 베테랑이 되면서 치게 하고 잡는, 머리를 쓰는 투구를 하는 것과 같다.

　　　　도밍고가 등장하기 전, 1950년대에 「오텔로」를 주 무기로 연기한 가수 중에 마리오 델 모나코(1915~1982년)가 있었다. 카라얀의 지휘로 모나코가 노래하는 CD도 명음반으로 남아 있다. DVD로는 일단 도밍고가 나오는 것이 필수이다.

이탈리아의 성악가 모나코의 모습이다.

파가니니

24개의 카프리스
(기상곡 / 1817년)

니콜로 파가니니(1782~1840년)

이탈리아 출신의 바이올리니스트이자 작곡가이다. 자신의 연주법을 비밀에 붙였으며 제자도 단 한 사람 시보리뿐으로 주법이 체계적으로 전해지지 않고 있다. 탁월한 기교의 바이올리니스트로서 바이올린협주곡, 「24개의 카프리스(기상곡)」 등이 있다.

악마라고 불렸던 바이올리니스트

역사에 남을 최대의 바이올리니스트가 파가니니이다. 1832년, 21살의 리스트는 파가니니의 연주를 듣고 "나는 피아노 연주자 파가니니처럼 될 거야"라고 결심하고 대피아니스트이자 대작곡가가 되어 낭만파 음악을 확립했다. 간접적이지만 파가니니야 말로 낭만파의 원류라고도 할 수 있다.

파가니니는 '악마'라고 불렸다. 너무나도 기교가 뛰어났기 때문에 저런 연주가 가능한 것을 보면 인간이 아니라고 생각했기 때문이다. 그가 태어난 때는 1782년이고 장소는 이탈리아의 제노바이다. 당시는 모차르트가 전성기를 누리던 시기였고 베토벤이 주목을 받기 시작할 무렵이다.

파가니니도 신동 가운데 한 명으로 어린 소년 시절부터 음악에 재능을 발휘했다. 그는 12살에 청중을 앞에 두고 연주하였으며 처음에는 오케스트라의 일원으로 참가하여 연주했지만 후에 독립하여 프리랜서가 된다. 작곡가가 궁정이나 교회에 고용된 입장에서 벗어난 것처럼 연주가도 이 무렵부터는 자립이 가능하였다. 즉, 콘서트를 열고 그 출연료로 생활할 수 있었다.

파가니니는 바이올린의 새로운 연주법을 연달아 고안해 낸다. 그것은 기존의 상식을 뒤엎는 것으로 그의 바이올린에서 나오는, 지금까지 들어 본 적이 없는 음색에 사람들은 경악하였고 갈채를 보내는 한편, 악마라고 속삭였다. 손발이 길고 큰 키에 야위었고 장발이었으며 눈매가 날카롭고 언제나 검은 옷을 입었던 그의 용모는 악마를 연상시키기에 충분했다. 유전적으로 손발이 이상하게 길고 관절도 부드러워서 이것이 초인적이고도 악마적인 기교를 가능하게 했다고도 전해진다.

사생활에 관한 소문이 많은 점에서도 파가니니는 현재 음악가들의 선구적 존재일지도 모른다. 콘서트 덕분에 큰 돈을 번 그는 술과 여자와 도박으로 매일을 보냈다. 빚쟁이에게 바이올린을 뺏긴 적도 있었다. 악마의 전설은 뿌리 깊게 남아 그가 죽은 뒤 여기저기서 매장을 거절하는 바람에 시신은 이탈리아 각지를 떠돌다가 간신히 지중해의 한 외딴 섬에 묻혔다.

천재에 의한, 천재를 위한 곡

파가니니는 새로운 연주 기교를 고안해 냈지만 기존의 곡으로는 새로운 기교의 맛을 살릴 수 없었다. 그런 기교가 없는 시대에 만들어진 곡이기 때문이다. 전자 기타로 연주하고 싶은데 포크 기타용 곡밖에 없는 것이나 마찬가지다. 그 정도로 파가니니의 기교는 뛰어났다. 도무지 같은 악기라고는 생각할 수 없었다. 그래서 파가니니는 자신의 기교를 발휘할

일본의 바이올리니스트 고토 미도리가 뉴욕 필하모니 오케스트라와 협연으로 피가니니의 바이올린 협주곡 1번을 연주하고 있다.

수 있는 곡을 스스로 작곡해야 했다. 그래서 작곡가 파가니니가 탄생한다.

그런 이유로 파가니니의 곡은 모두 파가니니 자신이 연주하기 위해 작곡한 곡으로 살아 있는 동안에는 악보를 공표하지 않았다. 그중에서 유일하게 생전에 출판된 곡이 「24개의 카프리스」였다.

카프리스란 기상곡이라고 번역되며 사전적인 의미는 까다로운 성격의 기악곡이라고 나와 있다. 요컨대 형식에 얽매이지 않는 짧은 곡으로 곡예 같은 바이올린 연주 기교를 피력하기 위한 곡이어서 그런지 깊은 내용은 없다. 오로지 연주자의 테크닉에 감탄하면 된다.

파가니니가 24개의 곡의 출판을 허가한 이유는 악보를 본다 해도 이런 곡을 연주할 수 있는 바이올리니스트는 본인 외에는 없다고 생각했기 때문일 것이다. 실제로 당시에는 연주할 수 있는 사람이 흔하지 않았던 것으로 보이는데, 리스트는 파가니니의 악보에 자극을 받아 '파가니니의 주제를 바탕으로 한 초절기교 연습곡' 6곡을 작곡하고 브람스와 슈만, 라흐마니노프도 이 작품을 바탕으로 한 곡을 작곡했다. 천재는 천재를 알아보는 법이다.

인간의 진보란 대단하다. 일찍이 악마의 것이라고 두려워하던 기술이 오늘날에는 프로의 최저 조건이 되었다. 파가니니 작품을 연주하지 못하면 프로라고 할 수 없다. 인간의 육체는 시대와 더불어 진화하나 보다.

세계에서 최초로 24곡 전곡을 녹음한 사람은 이탈리아의 바이올리니스트, 루제로 리치(1918년~)이다. 그는 1950년에 전곡 녹음이라는 위업을 달성했는데 이후에는 많은 바이올리니스트가 젊은 시절에 파가니니의 24곡을 녹음하고 있다. 악마와는 정반대의 이미지인 고토 미도리(1971년~)가 10대에 녹음한 음반을 들어보면 200년이라는 시간의 흐름이 느껴진다.

전람회의 그림 (1874년)

모데스트 페트로비치 무소르크 스키(1839~1881년)

러시아의 작곡가로 국민악파 5 인조 가운데 한 사람이다. 러시 아 고유의 선법과 변칙적인 리 듬, 대담한 화성 등을 표현해 근 대 인상파음악의 선구자가 되었 다. 작품으로 가극 「보리스 고 두노프」, 교향시 「민둥산의 하 룻밤」, 피아노 모음곡 「전람회 의 그림」, 가곡집 「어린이의 방」 등이 있다.

시대의 풍파에 휩쓸린 작곡가

비발디는 사계를, 베토벤은 전원을 음악으로 표현했지만 화가 가 그린 그림을 음악으로 표현해야겠다는 어처구니없는 생각을 한 사람 이 있다. 바로 러시아의 무소르크스키였다.

무소르크스키는 귀족의 아들로 태어나 어머니에게 피아노를 배 웠다. 사관학교에 들어가서 연대 근무를 할 때 그는 보로딘, 큐이, 발라 키레프, 림스키코르사코프 등의 작곡가들과 알고 지내며 5인조 그룹을 결성한다. 그렇다고 해서 5명이 합작을 한 것이 아니라 합동으로 연주회 를 여는 등의 활동을 한 것이었다. 5명은 민족음악을 바탕으로 한 러시 아의 독자적인 음악을 확립하려는 야심에 불타 있었다.

이 시대 유럽 각국에서는 정치적으로는 민족국가라는 의식이 고양되고 있었고 예술가들은 그에 호응하여 각국의 국민음악, 국민미술을 확립하고 있었다. 그러나 러시아 5인조는 많은 예술가 그룹이 그랬듯이 얼마가지 않아 분열된다.

　한편, 전제국가에서 민주적인 국가로 바뀌어가는 역사의 흐름 속에 1861년, 러시아에서는 마침내 농노 해방이 이루어졌다. 그로 인해 지주였던 무소르크스키는 경제적으로 위기를 맞는다. 그는 결국 술에 빠지게 되었고 42살에 죽었다.

피아노 연주곡으로 들을까, 오케스트라 연주곡으로 들을까?

　「민둥산의 하룻밤」과 어깨를 나란히 하는 대표작이 「전람회의 그림」이다. 무소르크스키의 친구 중에 하르트만이라는 건축가이자 화가가 있었는데 그는 39세의 젊은 나이에 사망하였다. 무소르크스키는 그 친구의 유고전을 보러 갔고 깊은 감명을 받았다. 그래서 그곳에서 받은 느낌을 바탕으로 피아노곡을 만들었다. 유고전에는 400여점이 전시되었다고 하는데 현존하는 작품은 3점뿐이라고 한다. 전시된 그림이 어떤 그림이었는지 지금은 「전람회의 그림」을 통해 상상하는 수밖에 없다. 무소르크스키 덕분에 하르트만의 이름도 역사에 남게 되었다.

　곡 전체는 그림을 묘사한 10곡과 각각의 사이를 이어주는 프롬나드(단순하지만 장대한 멜로디의 곡으로 자주 들어봤을 것이다)로 구성되어 있다. 10장이 어떤 그림인지는 음반 해설서에 쓰여 있으므로 그것을 읽으면서 들으면 된다. 하나만 소개하자면 마지막 곡은 「키예프의 대문」이라고 하여 하르트만 자신이 설계한 키예프의 3층 종루와 러시아풍의 끝이 뾰족한 둥근 지붕을 가진 문의 완성 예상도를 표현하고 있다.

　일본의 TV영화 「서부경찰」 최종회를 보며 와타리 테츠야가 연기한 다이몽大門 형사가 순직하는 마지막 장면에서 압도적인 음량으로 흘러나오는 곡을 들을 수 있다. 그것이 바로 「키예프의 대문」이다.

이 곡의 경우에는 오리지널 피아노곡보다도 오케스트라용으로 편곡된 음반이 많을지 모른다. 20여 명의 작곡가가 편곡에 도전했지만 그 가운데 라벨의 곡이 가장 유명하다. 라벨의 곡은 어찌 보면 준오리지널이라고 해도 좋다. 따라서 오리지널 피아노 연주 음반으로 들을 것인가, 라벨이 편곡한 오케스트라 연주 음반으로 들을 것인가를 선택해야 한다. 전자라면 리히테르의 연주가, 후자라면 카라얀이 좋다. 화려한 느낌의 것을 꼽자면 오케스트라 연주 음반이지만 오리지널 피아노 연주 음반이 군더더기가 없어서 직접적으로 와 닿는다.

러시아 국립 모이세프 발레단의 「민둥산의 하룻밤」의 한 장면이다.

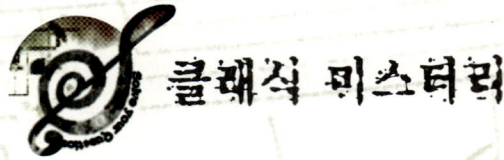

베토벤이 평생 독신이었던 뜻밖의 이유

베토벤은 56세의 나이로 세상을 떠날 때까지 한 번도 결혼하지 않았다. 하지만 불멸의 연인을 비롯하여 평생 동안 여러 번 사랑을 했다. 그러나 그가 사랑한 여성들은 그를 거들떠보지도 않거나 마지막에는 다른 남성과 결혼해 버리고 말았다.

베토벤은 실연만 당했다는 말인데 왜 그는 결혼하지 못했을까?

가장 큰 이유로 그가 고귀한 신분의 여성만을 사랑했기 때문이라는 사실을 들고 있다. 아무리 유명 음악가가 되었다 해도 현대와는 달리 봉건적인 시대였으므로 귀족 여성을 사랑해도 결혼이 허락될 리가 없었다.

더구나 그가 쓴 연애편지는 지나치게 열렬해서 여성이 질려 버릴 만한 편지였다. 동양인과 서양인의 감각 차이는 있겠지만 아무리 서양 여성이라 해도 자신이 얼마나 사랑하는지만을 강렬하게 쓴 연애편지를 받으면 무서워지거나 귀찮아지지 않았을까?

그러면 왜 그는 결혼 대상이 될 만한 신분의 여성에게 관심을 보이거나 좀 더 평범한 연애편지를 쓰지 않은 것일까? 그것은 그가 동정童貞이었던지, 적어도 정신적으로는 동정과 마찬가지였기 때문일지 모른다.

예를 들면 베토벤은 친구에게 보내는 편지에서 자신이 원하는 여성상에 대해 "아름다워야 한다"고 쓰고 있다. 실제로 베토벤은 젊고 아름다운 여성을 보는 것을 좋아해서 길을 가다가 미녀가 지나가면 자주 눈길을 보냈다고 한다.

미녀를 좋아하는 것이나 미녀에게 끌리는 것을 이해하는 하지만 그 정도로 외모에만 집착하는 것은 성숙한 남성이라고 볼 수 없다. 마치 살아 있는 여성을 사랑하려는 것이 아니라 미녀를 우상처럼 받들고 싶어 한 것처럼 보인다.

이러한 사실은 마음에 든 여성에 대한 태도에서도 엿볼 수 있다.

베토벤은 존경해야 할 여성과 성적인 관계를 가지면 상대의 신성함을 더럽힌다고 생각했다. 물론 사랑한 상대가 귀족 신분의 아가씨라면 감히 성적인 관계를 가질 수도 없었겠지만 베토벤 자신이 플라토닉 사랑을 바랐던 것으로 보인다. 그래서 육체적으로는 창부와 같이 하룻밤의 상대와는 관계가 있었을지 모르지만 연인과의 성적인 관계는 없었지 않았을까, 하고 추측하고 있다.

그렇게 사랑하는 여성을 동경하고 숭배만 하고 있다가는 아무리 시간이 지나도 사춘기 소년처럼 여성을 대하는 법을 모르기 마련이다. 그렇기 때문에 연애편지에도 여성이 기뻐하는 것이 아니라 겁먹을 말만 되풀이해서 써놓아 실연을 당했을지 모른다.

악마라고 두려워했던 파가니니의 뛰어난 연주 기교의 비밀

19세기의 음악계에는 빌투오조라고 하는 뛰어난 기교를 가진 연주자가 인기를 모았는데, 빌투오조의 선두 주자였던 사람이 이탈리아 출신 작곡가이면서 바이올린 연주자이기도 한 니콜로 파가니니이다.

파가니니는 인간의 것이라고는 할 수 없는 너무나 뛰어난 기교 때문에 사람들이 악마라고 두려워했다. 또 연주할 때 양초의 조명에 비친 야윈 모습이 악마를 연상시킨다는 점과 성격이 괴짜였다는 점도 신앙심 깊은 사람들의 공포를 배가시키는 데 한몫을 했다.

마침내 "파가니니는 악마와 계약을 맺었다"는 소문이 나돌자 사람들은 이 소문을 믿었다. 당시에는 그의 이름을 듣기만 해도 십자가를 그리는 사람도 있었다고 한다.

결국 그가 프랑스의 니스에서 죽고 시신이 고향 제노바에 운구되었을 때 제노바 사람들은 재앙이 내려질까 두려워하여 인수를 거부했다. 하는 수 없이 시신이 니스에 다시 송환되자 이곳에서도 거부하여 마지막에 간신히 지중해의 외딴 섬에 묻혔다고 전해진다.

그러면 악마라고 두려워할 정도의 뛰어난 연주가 어떻게 가능했을까?

일설에 의하면 파가니니는 독특하고 새로운 조율 기술을 익힌 것이 아닐까, 하는 이야기가 있다. 그 조율 기술 때문에 연주 중에 바이올린의 현을 재빨리 조정할 수 있었다는 말이다.

그의 전기 「파가니니전」을 쓴 율리우스 카프의 말로는 파가니니의 손가락은 보통 사람은 불가능할 정도로 크게 벌어졌다고 한다. 이런 특수한 손가락의 능력 덕분에 손의 위치를 바꾸지 않고도 바이올린 현을 만지는 왼손의 손가락 끝 관절을 직각으로 하여 옆으로 구부릴 수 있었던 것 같다.

인간의 손가락 관절이 그런 식으로 구부러질 수 있는 것인지 의심스럽지만 그것을 병이 가져온 부산물이라고 생각하면 앞뒤가 맞을 수도 있겠다.

에른스트 · W · 하이네의 「대작곡가의 사인을 찾아서」에 의하면 파가니니의 손가락이 그런 식으로 구부러질 수 있는 이유는 그의 이상한 체형과 관계가 있다고 한다.

파가니니는 야윈 사람치고는 이상할 정도로 넓은 어깨를 가졌고 거미 같은 손가락을 가지고 있었다. 이는 어떤 병 특유의 증상으로서 평범한 사람과는 다른 형태로 손가락이 구부러지는 것도 그런 병 때문이 아닌가, 하는 것이다. 실제로 파가니니를 진찰한 의사도 그러한 사실을 모두 인정하고 있다. 병 때문에 뛰어난 기교를 손에 넣었지만 세상으로부터는 악마라며 두려움의 대상이 된 파가니니. 천재가 겪어야 할 대가치고는 너무나 가혹했다.

솔로 연주가
맑고 화려한 협주곡

어떤 의미에서는 교향곡보다 화려한 장르가 협주곡(콘체르트)이다.

오케스트라와 피아노, 또는 오케스트라와 바이올린의

솔리스트(독주자)와의 협연은 때로는 경연이 되기도 한다.

오케스트라의 콘서트는 전반이 협주곡이고 후반이 교향곡으로 구성된 경우도 많다.

그런 협주곡 가운데 명곡 중의 명곡을 소개한다.

모차르트

피아노협주곡 제20번, 제21번 (1785년)

볼프강 아마데우스 모차르트
(1756~1791년)

아들의 재능을 알아본 아버지는 모차르트가 6세 되던 해부터 여행을 시작하여 연주를 하고 작곡을 했다. 긴 여행을 마친 후 궁정음악가로서 활동했는데 대주교 히에로니무스와의 불화로 인해 사표를 던지고 인생의 후반기를 빈에서 보낸다. 여기에 머무는 동안 작곡한 교향곡이나 현악4중주곡은 고전파 시대의 전형적인 스타일을 확립하는 작품이 되었다.

영화 「아마데우스」와 「짧고도 아름답게 타오르다」에 나온 그 멜로디

영화 「아마데우스」는 전편에 걸쳐 모차르트의 곡을 사용하고 있는데 영화 종료 자막의 배경음악으로 흐르는 곡이 피아노협주곡 「제20번」의 2악장이다. 그리고 「제21번」은 1967년에 제작한 스웨덴 영화 「짧고도 아름답게 타오르다(국내에서는 「엘비라 마디간」이란 제목으로 알려짐)」에서 역시 제2악장이 테마곡으로 사용되었다. 이 영화는 모차르트와는 아무런 관계도 없지만 한때 이 곡을 담은 음반의 광고 카피에는 "짧고도 아름답게 타오르다"라는 문구가 크게 쓰여 있었다. 35세의 젊은 나이에 사망했던 모차르트의 생애는 분명히 '짧고도 아름답게 타오른' 인상을 준다.

모차르트의 피아노 협주곡은 27번까지 있다. 20번과 21번은 후기 작품에 속하는데 모두 1785년, 그의 나이 29살 때 작곡한 작품이다.

영화 「아마데우스」에서 모차르트에 대해 질투와 존경을 동시에 가진 살리에르 역을 맡은 머레이 에이브러함의 모습이다.

그는 2월 20일에 「제20번」을 완성하였고 3월 9일에 「제21번」을 완성했다. 속필로 다작을 하기로 유명했던 모차르트의 전설 가운데 하나다. 대개의 음반에서는 「제20번」과 「제21번」이 한 장에 담겨 있으므로 두 곡을 함께 소개한다.

두 곡은 그때까지의 피아노협주곡이 어디까지나 피아노가 주역이고 오케스트라는 반주에 불과했던 관계였던데 반해 양자가 대등해졌다는 점에서 획기적이다. 피아니스트의 재능을 과시하기 위해 작곡되었던 협주곡이 작곡가의 심정을 표현하는 예술 작품으로 변화한 혁명이기도 하다.

베토벤에게 물려받은 「혁명」

흥행의 역사상 20번은 기념해야 할 작품이다. 이 곡은 빈에서 최초의 회원제 예약 연주회에서 초연되었는데 그 후 모차르트 본인이 피아노를 치고 지휘도 했다. 이 연주회는 궁정이나 살롱 등 사교장에서의 배경음악에 지나지 않았던 음악을, 돈을 지불하고 감상해야 하는 예술가의 창작품으로 변혁시켰다는 점에서 선구적인 시도였다. 모차르트의 이런 혁명은 그에게 남겨진 생명이 길지 않았기에 미완으로 끝났고 베토벤이 이를 이어받는다.

「제20번」이 배경음악의 수준을 넘어섰다는 사실은 곡을 들으면 곧바로 알 수 있다. 모차르트의 이전의 피아노협주곡은 피아니스트의 실력을 피력하기 위한 것이었기 때문에 곡 자체도 우아하고 화려한 것이었다.

그런데 「제20번」은 1악장 첫머리부터 어둡고 기분 나쁜 분위기로 뭔가 격한 감정을 느끼게 한다. 이 곡은 밥을 먹거나 수다를 떨거

모차르트의 두 아들 6세의 볼프강(좌)과 13세의 칼(우)의 모습이다.

모차르트의 아내 콘스탄체의 모습으로 그녀의 형부인 요제프 랑게가 그림을 그렸다.

나 춤을 추면서 들을 만한 곡이 아니었다. 그러던 곡이 현대사회에서는 카페의 배경음악으로 나오고 있으니 200년 전의 어두운 정념도 오늘날에는 극히 평범하게 듣고 흘리는 곡이 되었다는 말인가? 그래도 콘서트를 통해 듣거나 집에서 가만히 CD를 들어보면 어둠과 밝음, 정념과 달관, 장난과 진지함 같은 것이 번갈아가며 나타났다가는 사라지는 독특한 세계를 엿볼 수 있다. 앞에서 언급했듯이 2악장은 영화「아마데우스」의 엔딩 곡으로 흐르는데 그 외에도 여러 장면에서 사용되고 있으므로 분명히 들은 기억이 있을 것이다.

「제21번」의 각 악장을 살펴보면 영화에서 사용되었던 2악장은 매우 아름다운 곡이며, 2악장을 사이에 둔 1악장과 3악장은 규모가 큰, 힘 있는 곡이다. 때문에 2악장의 아름다움이 두드러진다.

카라얀과 리히테르 모두 유감스럽게도 모차르트의 피아노협주곡은 별로 녹음하지 않았기 때문에(라이브 녹음 음반이 있지만 찾기가 조금 힘들다) 이 곡을 듣고자 한다면 잉그리드 헤블러(1929년~)의 피아노 연주곡을 권한다.

베토벤

황제 (1809년)

루드비히 반 베토벤(1770~1827년)

1800년 전후의 베토벤은 하이든에게 받은 영향을 드러내면서도 개성이 강한 작품들을 발표해 자신만의 독자적인 양식을 확립하였다. 하이든과 모차르트의 작품이 정적이라면 베토벤의 작품은 동적인 힘이 특징으로 형식에 투철하면서도 독자적인 하나의 예술 세계를 구축하고 있다.

「황제」는 나폴레옹이 아니다

베토벤은 5곡의 피아노협주곡을 썼는데 최후의 제5번은 「황제」라고 불리고 있다. 「황제」란 나폴레옹을 이르는 것도, 다른 황제를 가리키는 것도 아니다. 다름 아니라 이 곡이 "피아노협주곡의 황제"라고 하여 이렇게 부르는 것이다. 자신감에 넘쳐나는 베토벤이었지만 그렇다고 해서 스스로 이렇게 이름붙인 것은 아니다. 이 곡의 제목은 출판사가 이름을 붙였다. 1809년에 작곡된 이 작품은 「운명」, 「전원」을 완성한 다음 해에 완성하여 걸작이 잇달아 탄생하게 된다.

오케스트라는 모차르트 후기의 피아노협주곡부터 그때까지 맡았던 반주 역할에서 벗어나 피아노와 대등한 관계에 놓이는데 「황제」는 이러한 관계를 더욱 발전시켜 피아노와 오케스트라의 융합을 도모했다는 점에서 획기적이며, 명곡 중의 명곡이 되었다. 이 곡을 쓴 후 이 장르는 해볼 만큼 다 해봤다고 생각했는지 베토벤은 이후 피아노협주곡을 쓰지 않았다.

베토벤의 획기적인 시도

협주곡에는 카덴차라는 것이 따라다녔다. 카덴차란 악보에는 없는, 피아니스트가 자유롭게 연주하는 부분으로 이른바 실력을 보여 주는 부분이다. 지휘자와 오케스트라는 피아니스트가 연주하는 동안 아무것도 하지 않고 듣고만 있다. 그렇다고 해서 그때까지의 곡의 흐름과 관계없어서는 곤란했다. 다시 말해 즉흥 작곡가로서

청각을 잃고도 음악의 열정이 식지 않았던 베토벤이 죽은 후 그려진 초상화로 요제프 슈틸러가 그렸다.

의 재능이 필요한 부분인 것이다.

「황제」에서 베토벤이 했던 시도는 카덴차를 버렸다는 것이다. 이는 곡 전체를 작곡가의 통제 하에 놓이게 했다는 말이다. 그 대신이었는지 지금까지의 협주곡에서는 처음에 오케스트라가 연주하고 난 뒤 피아노로 넘어갔지만 「황제」에서는 갑자기 처음에 피아노가 대폭발하여 듣는 사람을 압도한다. 절정이 첫 부분에 오는 파격적인 것이었다.

40분을 넘는 길이를 봐도 협주곡으로서는 전대미문의 대장편이다. 실로 황제다운 풍격이 감돈다.

협주곡은 솔로 연주를 하는 피아니스트와 오케스트라의 지휘자

뉴욕 카네기 홀에서 16세 작곡가 제이 그린버그의 바이올린 칸타타 연주가 끝난 후 작곡가 제이 그린버그와 지휘자 로베르토 아바도, 바이올리
니스트 조슈아 벨이 무대 위에서 인사를 하고 있는 모습이다.

중 어느 쪽이 주도권을 쥐어야 할까? 대개는 솔리스트가 해석의 기본을 본보기로 보여 주고, 이 템포로 연주하고 싶다고 하면 지휘자가 그것에 동의하는 식이다. 하지만 거장 지휘자와 신인 피아니스트가 조합을 이루면 지휘자가 주도권을 쥐기 쉽다.

카라얀의 「황제」는 제왕 카라얀의 의향이 강했고 피아니스트 바이센베르크(1929년~)는 조력자로 연주했기 때문에 평판이 좋지 않다. 리히테르는 이 곡을 연주곡으로 삼지 않았다. 그래서 카라얀의 후임자인 아바도(1933년~)가 지휘하고 현대 최고의 피아니스트인 폴리니가 연주한 음반을 참고로 언급해 둔다.

차이코프스키

피아노협주곡 제1번

(1875년)

**페테르 일리치 차이코프스키
(1840~1893년)**

음악뿐만 아니라 어학 쪽에도 재능을 보인 그는 6, 7세에 벌써 독어, 불어를 구사할 정도였는데, 당시 풍조에 따라 법률학교에서 공부한 후 법무성 관리로 근무하다가 음악에 대한 꿈을 버리지 못하고, 1860년 안톤 루빈시테인이 주재한 음악교실에 입학해 모스크바 음악원 교관으로 있게 된다. 이때 부호의 미망인 폰메크 부인을 알게 돼 재정적 지원을 받으면서부터 창작에만 전념해 주옥같은 작품들을 남기게 된다.

「황제」를 초월한 명곡 중의 명곡

베토벤의 「황제」에서 피아노협주곡은 정점에 다다랐다. 그러나 작곡가로서 더 이상 이 장르의 곡은 작곡하지 않겠다고 할 수는 없었다. 그리하여 그 후에도 많은 작곡가가 이 장르에 도전한다.

피아노곡만을 쓴 쇼팽은 당연히 피아노협주곡에도 손을 대 젊은 시절에 두 곡(제1번, 제2번 모두 1830년)을 남겼다. 물론 명곡이라 불러도 좋지만 "피아노 전문"이라는 쇼팽에 대한 선입견 때문인지 피아노 부분은 좋지만 오케스트라가 연주하는 부분은 약하다는 비판이 지금도 있다.

교향곡에서 베토벤의 저주로부터 도망가지 못하고 고통스러워한 브람스는 피아노협주곡에서도 고전했다. 두 개의 피아노곡(제1번은 1858년, 제2번은 1881년)을 남겼지만 그것들은 피아노에 관한 교향곡이다,

라는 평가를 받았다. 「황제」 노선에 박차를 가한 결과였다.

그리고 1875년에 「황제」를 능가하는 위대한 피아노협주곡이 간신히 탄생했다. 차이코프스키의 피아노협주곡 제1번이다. 이 곡이야 말로 피아노협주곡의 최고봉이라고 해도 좋다. 이 곡에서 피아노는 주도권 회복을 선언한다. 그러나 오케스트라도 잠자코 있지 않는다. 모두 양보하지 않고 서로 목소리를 높이며 주장한다. 그 결과 화려하고 장대한 작품이 탄생하였다. 피아노와 오케스트라가 서로 밀고 당기며 곡이 흘러갔다.

러시아 모스크바에 있는 차이코프스키 콘서트홀의 모습이다.

유명 피아니스트도 거절한 어려운 곡

러시아는 많은 유명 피아니스트를 낳은 나라이다. 그 전통은 오늘날에도 이어지고 있고 부닌, 키신과 같은 피아니스트를 배출했다. 이런 전통의 원류라고 할 수 있는 사람이 안톤과 니콜라이라는 루빈시테인

형제였다. 두 사람은 피아니스트, 지휘자로서도 활약했을 뿐 아니라 음악원의 원장으로 많은 학생을 가르쳤다.

차이코프스키가 형제 가운데 니콜라이 루빈시테인에게 헌정하고 초연을 부탁하려고 작곡한 곡이 피아노협주곡 제1번이었다. 차이코프스키에게는 자신 있는 곡이었다. 그런데 연주가 불가능하다고 거절당하고 만다. 자신과 상담도 하지 않고 작곡했다며 화를 냈다는 설과 정말로 어려운 곡이어서 도저히 연주할 수 없었다는 설이 전해지고 있다.

차이코프스키의 작품은 바이올린협주곡이나 「백조의 호수」, 「비창」처럼 초연에서는 실패한 경우가 많았지만, 이 명곡은 초연을 열수 있을지 자체가 걱정이었다. 그러나 차이코프스키는 포기하지 않았다. 독일의 피아니스트이며 지휘자이기도 했던 한스 폰 뷜로에게 헌정한 후 러시아가 아닌 미국의 보스턴에서 뷜로에 의한 초연이 이루어져 대성공을 거뒀다. 루빈시테인도 나중에는 명곡임을 인정했다.

이 곡은 첫 부분부터 화려하고 중후하며 장대하면서도 섬세한 부분이 있어 음악의 모든 요소가 가득하다는 평가를 받는 명곡이다. 분명 기술적으로도 어려운 곡이다. 먼저 호른이 드높게 울리고 피아노가 중후하게 울리며 오케스트라의 유려한 연주를 통해 아름다운 러시아적인 멜로디를 소리 높여 표현한다. 곡 전체에 걸쳐 러시아 각지의 민요가락이 아로새겨져 그것들이 독일음악의 기

독일의 피아니스트인 한스 폰 뷜로는 프란츠 리스트에게 피아노를 배웠으며 근대 지휘법을 완성해 냈다. 리스트의 딸 코지마와 결혼을 했으나 그녀는 이혼을 요구하며 바그너에게 가는데, 뷜로는 끝까지 바그너의 음악 이론을 옹호해 주었다.

법으로 빈틈없이 구축되어 있다.

피아노와 오케스트라가 각각의 악기를 연주하는 부분이 있는데 어느 쪽이 주이고 어느 쪽이 종인 것은 아니다. 이 부분에서는 양자가 경합하면서 곡이 성난 파도처럼 진행된다. 연주 시간은 약 40분 정도 되는데 갈팡질팡하는 듯하면서도 손에 땀을 쥐게 하는 전개가 돋보인다. 마지막에는 압도적인 대단원을 맞이한다.

추천 연주는 러시아를 대표하는 피아니스트인 리히테르와 카라얀이 장년기에 함께 공연한 음반이다. 카라얀은 말년에 젊은 피아니스트 키신(1971년~)과도 함께 연주했다.

라흐마니노프

피아노협주곡 제2번
(1901년)

세르게이 라흐마니노프
(1873~1943년)

러시아의 작곡가로 러시아혁명 후에 미국으로 건너가 피아니스트로 활약했다. 20세기 초 가장 탁월한 피아니스트의 한 사람으로 낭만파의 마지막 작곡가이기도 하다. 작품으로 교향곡, 피아노협주곡, 피아노곡 「24개의 전주곡」 등을 작곡했다.

음악사에 길이 남을 인물이 작곡하고 직접 연주한 곡

피아니스트로서도 이름을 남긴 작곡가 중 한 사람이 라흐마니노프이다. 음악사에 길이 남을 '역사상의 인물' 이면서도 말년에 했던 연주가 레코드로 남아 있어 어떤 연주를 했는지 들을 수도 있는 몇 안 되는 작곡가이다.

라흐마니노프는 1873년 러시아에서 태어나 상트페테르부르크와 모스크바의 음악원에서 피아노와 작곡을 공부했다. 졸업 작품으로 만든 오페라는 차이코프스키에게 절찬을 받았다. 하지만 차이코프스키가 죽자 러시아 음악계의 파벌 싸움에 휘말린다. 그는 진 편에 속해 있었기 때문에 음악원의 교직을 얻지 못하고 오페라극장의 지휘자가 된다. 영국이나 독일, 그리고 미국에서도 지휘자로서 활약하였고 러시아혁명 후에는 망명하여 미국에서 살았다. 미국 시절은 작곡가로서보다는 피아

니스트로서 주로 활동하였다.

라흐마니노프의 피아노협주곡은 4곡이 있는데 그 중에서도 자주 연주되는 곡이 제2번이다. 유려하고 장대하며 드라마틱한 명곡이다. 1898년, 26살에 착수했지만 신경쇠약으로 인해 중단했다가 1901년에 완성했다. 러시아의 병아리 음악가였던 시절의 작품이다. 선배인 차이코프스키의 피아노협주곡의 영향이 느껴지는데 그것을 능가한다. 이 장르의 최고봉이라 해도 좋다.

노도처럼 감동이 밀려오는 30분 동안의 연주

라흐마니노프에게 일찍부터 피아노를 가르쳐 준 어머니 류보피 부타코바와 가산을 탕진하고 파산해 버린 아버지 바실리 라흐마니노프이다.

라흐마니노프의 피아노협주곡 제2번에서는 피아노는 처음부터 마지막까지 쉬지 않는다. 1악장은 피아노가 멀리 있는 종소리처럼 울려퍼지는 것에서 시작한다. 피아노 소리는 점점 커지고 그것을 웅대한 규모의 오케스트라가 덮어 간다. 피아노는 오케스트라를 무시하는 듯 대하처럼 유유히, 어떤 장면에서는 노도처럼 연주한다. 오케스트라는 그것을 좇아가는 것 같기도 하지만 무시하고 맘대로 다른 흐름을 만들어 가는 것 같기도 하다. 마치 두 곡이 동시에 연주되고 있는 것 같은 부분도 있다.

2악장은 영국의 영화 「랑데부」의 테마음악으로 사용되었다. 쉽게 친숙해지면서도 눈물을 부르는 애처로운 멜로디로 알려져 있다. 3악장은 해방감이 있다. 러시아의 대지를 연상시키는 웅대함과 승리 선언과 같은 쾌활함이 느껴진다. 마지막에는 각자의 부분에서 싸우고 있던 피아노와 오케스트라가 합류하여 대단원의 막을 내린다. 30여 분이면

보리스 샬리아핀이 그린 라흐마니노프의 초상화로 그는 모든 기법을 구사하는 천재였다.

다 들을 수 있는 곡이지만 대하소설을 읽은 것 같은 감동에 젖는다.

　　　라흐마니노프 자신이 녹음한 음반은 오래되었기 때문에 음질이 별로 좋지 않지만 역사적 가치는 있다. 이 외에 리히테르가 바르샤바의 오케스트라와 공동 연주한 음반도 있다(이것은 카라얀과 리히테르의 차이코프스키의 제1장과 함께 묶여 있어서 이득이다). 카라얀이 바이센베르크와 함께 연주한 것도 있다.

멘델스존

바이올린협주곡(1844년)

4대 바이올린협주곡 가운데 하나

베토벤, 브람스, 차이코프스키, 멘델스존 모두가 바이올린협주곡은 한곡밖에 쓰지 않았다. 이것을 4대 바이올린 협주곡이라고 부르는데 흔히 일본에서는 베토콘Beethoven concerto, 브람콘, 차이콘, 멘콘이라고 줄여서 말한다.

그중에서 멘델스존의 바이올린협주곡은 이 작곡가의 가장 유명한 작품이기도 하다. 멘델스존은 1809년에 함부르크에서 유태계 독일인인 유복한 은행가의 아들로 태어났다. 당시 베토벤이 39살로 절정기에 있을 무렵이다.

아버지는 당대에 막대한 부를 축적한 사람이었다. 외할아버지는 보석상이었고 할아버지는 은행가였기 때문에 멘델스존도 유복한 가정에서 태어났다. 어머니는 바흐의 제자로 바흐에게 피아노를 배운 적도 있었으며, 멘델스존은 먼저 어머니에게 피아노를 배웠다. 어머니는 그의 음악적 재능을 발견하고 9살에 피아니스트로서 데뷔하게 만든다. 멘델스존 또한 신동이었다.

유복한 환경에서 자란 그는 음악적 재능도 있었고 용모도 단정해 남부러울 것 없는 인생을 살았지만 하늘은 역시 공평한지 멘델스존을 장수하게 내버려 두지 않았다. 그는 겨우 36살의 나이에 사망했다. 사인은 밝혀지지 않았으며, 가장 사랑하는 누나가 뇌졸중으로 죽은 충격으로 조울증이 반복되고 심한 투통을 호소한 후에 죽었다고 한다.

멘델스존은 기억력이 뛰어났다. 한 번 들었던 곡은 잊지 않는다고 공언했는데, 실제로 베토벤의 9개의 교향곡을 모두 피아노로 칠 수 있었다. 지휘자로서도 활약했는데 모두 악보를 외워 지휘했다. 악보를 보지 않은 지휘는 오늘날에는 드물지 않지만 당시에는 전대미문의 사건이었다.

에두 아르트 벤데만이 그린 죽은 멘델스존의 모습이다. 누이 파니의 죽음에 충격을 받고 그녀가 죽은 뒤 6개월 만에 세상을 떴다.

지휘자의 역할에 혁명을 가져오다

　　멘델스존의 시대인 19세기 중반까지는 클래식이란 음악 장르는 없었다. '고전'이라는 의미의 '클래식'이라는 단어는 일반적으로는 그리스 시대의 문예나 미술을 가리켰다. 음악 분야에서 바흐부터 베토벤에 이르기까지의 독일 음악을 '클래식'이라고 부르게 된 것은 19세기 중반부터이다.

　　바흐와 베토벤의 시대에 그들의 음악은 현대의 음악이었지 고전이 아니었다. 그 이전의 음악도 당시에는 클래식이라고 부르지 않았다. 왜냐하면 그 시대에는 과거의 곡을 연주하는 풍습이 없었다. 항상 동시대에 작곡된 음악을 연주했다.

　　19세기 중반부터 과거의 곡을 연주하기 시작하면서 당시 현대의 음악과 구별하는 의미에서 클래식이라고 불렀다. 그러므로 당시에는 클래식 음악가인 멘델스존과 리스트, 바그너도 자신이 클래식 작곡가라고 생각하지 않았다. 그들 입장에서 클래식이란 어디까지나 18세기까지의 음악이었다.

　　어찌됐든 멘델스존이 살았던 당시는 죽은 작곡

1829년에 멘델스존이 직접 그린, 그린 더럼 대성당의 모습이다. 평생 조그만 화첩을 갖고 다녔던 그는 풍경화를 주로 그렸다.

239

1835년에 그려진 작자 미상의 멘델스존의 초상화

가의 작품을 연주하고 감상하는 시대가 되었다. 그런데 악보에는 상당히 애매한 부분이 있다. 음의 높이는 정해져 있는데 속도에 대해서는 '걷는 듯이' 라든지, '태풍처럼 거칠게' 와 같은 지시뿐이어서 걷는 속도가 사람에 따라서 다른 것처럼 여러 가지로 해석이 가능했다. 희곡이 연출가에 따라 다른 연극으로 변하는 것처럼 음악도 연주가에 따라 다른 곡이 된다.

혼자서 연주할 경우에는 어떻게 연주할 것인지 그 사람이 결정하면 되지만 수십 명이 함께 연주하는 오케스트라가 연주할 경우에는 누군가가 결정해야 한다. 이리하여 연주 책임자로서 지휘자가 등장한다.

하이든이나 모차르트 시대는 교향곡이라 하더라도 연주 인원이 십여 명 정도의 규모로 편성되었고 곡의 구조도 그렇게 복잡하지 않았기 때문에 지휘자가 필요 없었다. 있다 하더라도 지휘자의 일은 시작 신호를 보내거나 박자에 따라 음을 맞추는 정도였다. 그런 존재였던 지휘자를 연주 책임자의 위치로 올려놓은 사람이 멘델스존이었다. 오케스트라가 그 곡을 어떻게 연주할 것인가는 지휘자의 해석에 따르게 되었다. 더구나 지휘자를 오케스트라라는 조직의 책임자로 삼아서 인사권과 프로그램 결정권까지 맡기게 되었다.

사후 세계를 예감하게 하는 어둠

낭만파의 전성기라 할 수 있는 시대였지만 멘델스존은 고전파라고 불리는 베토벤 이전의 음악을 존경하였고 동시대의 음악은 부도덕하다고 혐오했다. 그렇지만 동시대의 영향을 받지 않은 것은 아니어서 멘델스존의 음악은 고전파 형식의 틀 속에 있으면서도 감정 표현이 풍부했고, 회화적인 음색을 띠고 있었다. 그런 점에서는 낭만파적이기도 하다.

독일의 바이올리니스트 안네 소
피 무터는 카라얀이 발탁해 위
대한 연주자로 키웠다.

바이올린협주곡은 29살 때 작곡하기 시작하여 6년 뒤에 완성했
다. 갖가지 감정이 바이올린으로 표현되므로 듣는 사람은 몸을 맡길 수
밖에 없다. 애수를 띤 첫머리의 침울한 멜로디는 누구나 한 번쯤은 들어
본 경험이 분명히 있을 것이다.

작곡가는 행복한 생애를 보냈음이 틀림없는데 이런 슬픔은 어
디서 오는 것일까? 멘델스존은 독일음악 주류의 후계자였는데 나치 정
권 시대에는 그가 유태인이라는 이유로 연주가 금지되었다. 유태인과
자기 작품의 어두운 장래를 꿰뚫어본 것일까?

카라얀은 유태계의 작곡가에게 냉정하여 멘델스존의 작품도 최
소한의 명곡만 녹음했는데 그중에 이 바이올린협주곡도 있다. 안네 소
피 무터(1963년~)라는 손녀뻘되는 젊은 여성 바이올리니스트가 솔로로
연주하였다.

모차르트

플룻과 하프를 위한 협주곡 (1778년)

볼프강 아마데우스 모차르트
(1756~1791년)

모차르트는 전설을 많이 지니고 있는 작곡가로 경쟁 관계에 있던 살리에리가 모차르트에게 독을 먹여 죽었다는 이야기에서부터 그의 천재성에 관한 이야기까지 분분하다. 그가 5살때부터 작곡을 한 것은 사실이지만 너무 단순한 작품들이었다는 얘기들도 있는데, 분명한 건 그는 신중하고 노력하는 작곡가였다는 것이다.

공작 부녀를 위해 만들어졌던, 알려지지 않은 명곡

협주곡 중에는 피아노나 바이올린 이외의 악기를 솔로로 편성한 곡도 있다. 특히 모차르트가 작곡한, 관악기를 솔로로 편성한 플룻협주곡, 호른협주곡, 오보에협주곡 등이 알려져 있다. 그중에 「플룻과 하프를 위한 협주곡」이라는 알려져 있지 않은 명곡이 있다.

음악사에 남은 명곡들이 갖추고 있는 조건 중에 가장 공통적인 특징이 바로 그때까지의 음악의 틀을 뛰어넘은 혁명적인 곡이었다는 점이다. 아무도 생각해 내지 못한 것을 생각해 냈다는 점이 창조적인 분야에서는 최고의 평가 기준이 된다. 그 점에서 베토벤은 위대한 혁명가였다. 그러나 모차르트에게는 그런 의미에서의 혁명성은 그렇게 많지 않았다.

추리소설의 역사에 빗대어 말하면 **엘러리 퀸**에 해당하는 사람이 베토벤이고 셜록 홈즈를 낳은 코난 도일에 해당하는 사람이 모차르트이

엘러리 퀸

엘러리 퀸은 사촌지간인 두 명의 남자 작가가 사용한 필명으로 그들의 작품으로는 「그리스 관의 비밀」, 「이집트 십자가의 비밀」, 「로마 모자의 비밀」, 「네덜란드 구두의 비밀」 등이 있다. 그들은 제목에 나라 이름을 많이 넣었다.

243

다. 퀸의 나라 이름 시리즈와 「Y의 비극」과 같은 중후하고 장대한 추리 소설을 읽은 뒤에 홈즈의 추리소설을 읽으면 가볍거나 약하다는 인상을 받는 독자들이 많다. 심지어는 읽은 것 같지가 않다는 느낌을 받기도 한다. 그렇지만 세상에는 홈즈 팬과 모차르트 팬도 많이 존재하며 연구 서적도 많다. 그만큼 깊이가 있다는 말이다.

그런 모차르트를 상징하는 곡이 「플룻과 하프를 위한 협주곡」이다. 홈즈로 말하자면 단편집 속의, 그것도 별로 유명하지 않으며 큰 반전이 있는 것도 아닌 작품 정도라고 해야 할까? 그런데도 불구하고 쉽게 잊히지 않는 인상을 남긴다.

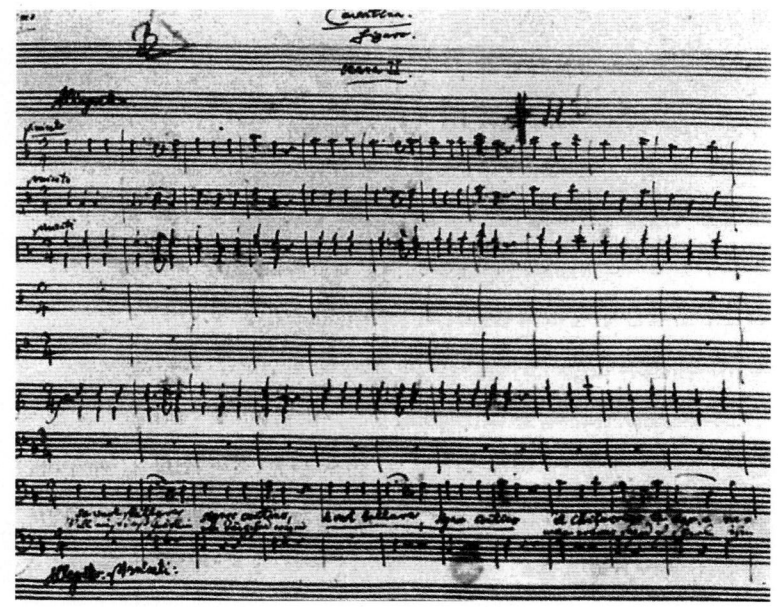

모차르트가 단번에 작곡을 했다는 전설을 입증이라도 하듯이 악보가 깨끗한 「피가로의 결혼」의 일부이다. 그의 오페라 중 가장 유명한 곡으로 음악사에서도 완성도가 높다는 평가를 받고 있다.

모차르트다운 우아하고 사랑스러운 곡

1778년에 파리를 방문한 모차르트는 어느 공작의 부름을 받았다. 공작은 플룻을 취미로 연주하였고 공작의 딸은 하프 연주가 특기였기 때문에 그들은 모차르트에게 플룻과 하프를 위한 협주곡을 만들어달라고 부탁했다. 그리고 약 2개월 만에 완성한 곡이 바로 이 곡이다. 아마추어를 위한 연주곡이라고 쉽게 봐서는 안 된다. 그 당시 귀족들의 연주 솜씨는 상당한 수준이었다. 파리의 공작을 위해 만든 만큼 모차르트는 프랑스풍의 틀 안에서 우아한 곡을 완성시켰다.

여느 때와 마찬가지로 아름다움의 그늘에 애수가 살짝살짝 떠오르기도 하는 부분은 모차르트답다. 듣는 사람의 기분에 따라 눈물을 훔치는 슬픈 곡이 되기도 하고 미소를 짓는 유쾌한 곡이 되기도 한다. 즉, 이 곡은 자기의 기분을 재는 척도인 셈이다.

만일 어린 딸이 있다면 하프를 배우게 하고 자신은 플룻을 연습하여 언젠가는 부녀가 함께 연주해 보고 싶다는 생각이 들게 하는 사랑스러운 곡이다. 플룻과 하프는 특별히 자기 주장이 강한 유형의 악기가 아닌데 이 곡에서는 주역으로서 춤추고 있고 그것을 즐기고 있다. 제1악장은 특히 두 악기의 음색이 화려하다. 제2악장은 여유롭게 음악이 흐른다. 오케스트라는 현악기뿐이므로 플룻과 하프의 독주가 더욱 두드러진다. 제3악장은 무척 파리다운 화려함이 넘친다.

카라얀이 지휘한 연주는 화려하고 유려하다. 그런데도 왠지 허무함이 느껴진다.

천재라고 일컬어지던 모차르트는 가끔 어린애 같은 행동 등으로 유달리 적을 많이 만들었다. 그림은 어릴 적 모습으로 작은 새를 쥐고 있다.

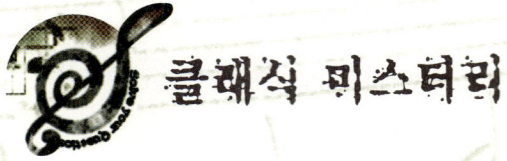

클래식 미스터리

브루크너가 미혼으로 있었던 원인은 의외의 성 취향 때문

순박한 성격의 소유자이기에 사랑이 결실을 맺지 못하는 일은 어느 시대에나 있을 수 있다. 19세기 오스트리아의 작곡가 안톤 요제프 브루크너도 그런 인물이었는데 그의 경우에는 순박함이 도를 넘어 괴짜라고 알려졌다.

브루크너는 1824년에 린츠시 교외의 안스펠덴에서 태어나 13살에 아버지를 여의자 프롤리안수도원에 맡겨졌다. 그곳에서의 엄격한 가톨릭 교육에 의해 그는 신심 깊고 정직하며 소박한 남자로 자랐다.

그런 인물이라면 좋은 아버지, 좋은 남편이 되지 않았을까, 라고 생각할지 모르겠지만 그는 평생 결혼하지 않았다. 그렇다고 하여 사랑을 하지 않거나 결혼을 하고 싶어 하지 않았던 것은 아니다. 결혼에까지 이르지 못하는 데는 이유가 있었다.

하나는 그의 용모가 인사 치레로라도 칭찬할 만한 정도도 아니었다는 점을 들 수 있다. 복장도 유행에 뒤떨어지고 알프스 지방의 농민이라고 평판이 날 정도로 촌스러웠다. 게다가 매너를 갖추지 못한 점과 말주변이 없었다는 점까지 겹쳐 사교계에서 따돌림을 당했다.

그래도 그가 특이한 성 취향을 갖지 않았더라면, 즉 나이에 맞는 여성에게 관심을 가지면 언젠가는 반려자가 될 여성을 만났을 수도 있었을 것이다. 그러나 실제로 브루크너에게는 소녀를 좋아하는 취향이 있어 성인 여성은 사랑할 수 없었다.

기록으로 남겨진 대로라면 브루크너가 처음에 사랑한 때는 27살로, 상대는 16살의 소녀였다. 나이 차이는 11살. 이 정도의 나이 차이면 이상할 정도는 아니지만 그 후 41년 동안 그가 구애한 9명의 상대는 전부 10대 미소녀들뿐이었다. 아버지나 할아버지뻘 정도로 나이 차이가 나는 남자에게 프러포즈를 받자 소녀들은 상대도 해 주지 않았고 브루크너의 실연은 되풀이되었다.

그래도 한 번은 결혼 직전까지 간 적이 있다. 그것은 그가 66세였을 때다. 베를린의 호텔에서 이다라는 19살의 호텔 종업원에게 구혼을 하고 승낙을 받았다. 이다에게 브루크너를 향한 애정이 있었는지, 호텔 일에서 해방되어 호강을 하고 싶었을 뿐인지는 정확하지 않지만 두 사람은 결혼을 결심하였고 이다의 부모도 동의했다. 그런데 시간이 흐르면서 이다가 개신교의 신자라는 사실이 밝혀져 가톨릭 신자였던 브루크너는 결혼을 포기해야만 했다.

브루크너의 성 취향이 어디에서 기인한 것인지는 모르지만 성숙한 여성에게 흥미를 느끼지 못하고 10대 소녀만을 사랑한 것은 사실이다. 그러나 그런 점이 위대한 작곡가라는 명성에 먹칠을 했다고 보기는 어렵다.

청각 장애가 있던 베토벤이 작곡할 수 있었던 비밀

베토벤이 음악가에게는 치명적이라고 할 수 있는 청각 장애를 앓았으면서도 작곡을 계속했다는 이야기는 유명하다.

청각 장애는 해가 갈수록 악화되어 말년의 대작 교향곡 제9번 「합창」을 작곡하던 무렵에는 전혀 들리지 않았다고도 한다. 제9번의 초연 때 2악장의 연주가 끝난 뒤 감동한 청중의 박수갈채가 도무지 그치지 않았지만 청력이 약했던 베토벤은 이를 알지 못하고 오케스트라 쪽만을 향한 채 서 있다가 단원의 지적으로 비로소 객석을 돌아봤다는 에피소드도 남아 있다.

그 정도로 귀의 상태가 심하게 좋지 않았는데 베토벤은 어떻게 작곡을 할 수 있었을까?

아무리 천재라고는 해도 자신이 그렸던 선율이 어떤 음인가를 확인하려면 실제로 피아노를 쳐볼 필요가 있을 것이다. 그렇지 않으면 곡을 만들 수 없다고 생각하는데 베토벤은 이 문제를 어떻게 해결했을까?

많은 의견 중에서 "과거에 들었던 기억에 의지하여 음을 정확하게 재현할 수 있었다"는 주장이 있다. 악보를 보기만 해도 어떤 음인지 알았다면 그야말로 신의 조화라고 해야 할 것이다.

이러한 주장과는 다른 의견도 있다. 일본의 에토키 히사시 씨가 그의 저서 「사실은 들렸던 베토벤의 귀/NTT출판」에서 "베토벤은 자신이 연주한 피아노 같은 바로 가까이에 있는 악기의 소리는 들을 수 있었다"는 주장을 한다.

　그의 주장에 의하면 베토벤의 귀의 이상은 등자뼈라는 이름의 중이에 위치한 뼈의 고착에 의해 일어난 난청, 즉 등자뼈 고착 때문인 것으로 추측된다. 등자뼈가 고착되어 진동하지 않으면 사람의 목소리와 멀리 있는 악기 소리 따위가 들리지 않는다. 그러나 자신이 연주하는 피아노의 소리처럼 바로 가까이의 소리는 들을 수 있다고 한다.

　에토키 씨는 이런 주장의 근거 가운데 하나로 베토벤은 초상화의 모델이 되었을 때 바로 뒤에서 피아노 연습을 하던 조카 칼이 실수를 하자 잘못을 모두 정정해 주었다는 에피소드를 들고 있다. 정말 귀가 들리지 않았다면 자신의 등 뒤에서 연주하고 있던 조카의 실수를 분명 알아챌 수 없었을 것이다.

　또한 당시에는 건반악기의 진보가 눈부셨기에 피아노도 점차 개량되었는데 베토벤은 가끔 새로운 피아노를 손에 넣어 그 피아노에 맞춰 작곡의 음역을 바꾸었다고 한다. 귀가 들리지 않고 머릿속으로만 작곡했다면 피아노를 교체할 필요가 없다.

　그렇다면 에토키 씨의 추리대로 베토벤은 가까이서 나는 소리 정도는 들을 수 있었고 자신이 연주한 피아노 소리를 확인하면서 작곡했던 것일까? "악성"이라고 불리는 대작곡가답게 더할 나위 없이 흥미진진한 수수께끼다.

07

우리를 즐겁게 하는
에피소드로 가득한 명곡

이야기하면 길어지는 음악 역사상 주요한 일화가 가득한 명곡들을 뽑았다.

곡 자체의 아름다움과 심오함은 물론이거니와

음악사상 중요한 위치를 차지하고 있어서 명곡이 된 경우도 있다.

그 주변 이야기와 배경, 어떻게 해서 그런 명곡이 탄생했고

어디가 획기적인지를 알고 있어야 진정한 매력을 맛볼 수 있을 것이다.

베토벤

영웅 (1803년)

루드비히 반 베토벤(1770~1827년)

독일 본에서 궁정가수의 아들로 태어난 베토벤은 17살에 빈으로 건너가 모차르트에게 사사했으나 어머니의 죽음으로 중단되었다. 그러나 1792년 22세 때에 다시 빈에 건너가 하이든에게서 작곡을 배우는 한편 피아니스트로서도 활약하였다. 궁중 음악가로 활동하지 못했던 그는 친구들의 도움과 작품의 수입으로 생활하는 독립된 음악가로서 활동하였다.

교향곡의 일대 전기를 마련한 걸작

「운명」과 「제9번」을 이미 앞에서 소개했지만 베토벤의 교향곡 가운데서 진정으로 혁명적인 곡은 제3번 「영웅」이다. "에로이카"라고 부르는 사람도 있지만 이것은 이탈리아어로 「영웅」이라는 의미이다.

음악의 세계에서는 이탈리아어가 제1언어이며 음악 용어도 거의가 아탈리아어이다. 그러므로 독일인이었던 베토벤도 악보는 이탈리아어로 썼다. 독일이 음악의 중심이 된 것은 더 훗날이다.

하이든이 확립한 교향곡이라는 양식이 모차르트를 거쳐 베토벤에 이르러 극적으로 바뀌었지만 베토벤도 제1번(1800년), 제2번(1802년)을 쓸 때만 해도 모두 연주 시간이 30분 미만의 작품이었고 길이 면에서나 양식 면에서나 아직 기존의 틀을 벗어나지 못했다. 그러던 것이 다음 해인 1803년에 작곡한 제3번 「영웅」에서 단숨에 연주 시간이 45분 이상

자크 루이 다비드가 그린 「서재에 있는 나폴레옹」 작품이다. 나폴레옹은 1815년 3월 20일 엘바 섬에서 빠져나와 파리에 들어가 제정을 부활한 뒤부터 6월 29일 워털루전투에서 패배하여 퇴위할 때까지 약 100일간 지배하였다.

걸리는 등 곡이 길어지고 거기다 표제가 붙는 전대미문의 교향곡으로 바뀐다.

하이든과 모차르트의 교향곡에도 표제가 붙은 곡이 있지만 그것들은 타인이 붙인 것으로 곡을 구별하기 위한 기호 같은 것이다. 또한 「영웅」에는 교향곡이라는 양식의 곡으로서는 처음으로 사상이 담겼다.

「영웅」 교향곡은 당초에는 "보나파르트"라는 제목으로 나폴레옹에게 바치기 위해 작곡되었다. 그러나 나폴레옹이 황제에 취임하자 베토벤은 환멸을 느끼고 1806년에 출판되었을 때 「영웅」으로 제목을 바꾸고 "한 위인의 추억을 위해"라는 기록을 남겼다.

그때까지도 왕이나 귀족에게 바치던 곡이 수없이 많았지만 그런 곡들은 그 인물의 인격이나 업적을 그린 것이 아니었다. 부탁을 받거나 무언가 사례의 마음을 담아 헌정되었을 뿐 곡의 내용과는 관계가 없었다. 무엇보다도 사상과 감정을 음악에 담는다는 개념 자체가 없었다.

예술을 위해 사는 작곡가라는 증거

베토벤은 나폴레옹에게 "나의 곡을 써 달라"는 부탁을 받지는 않았다. 프랑스혁명의 이상을 실현한 사람을 음악으로 표현해야겠다고 생각한 베토벤은 그야말로 마음대로 맘먹고, 마음대로 작곡하고, 마음대로 나폴레옹의 황제 취임을 배신이라고 생각하고는 분노했다.

이는 궁정에 고용되어 있던 음악가에게는 찾아볼 수 없는 발상이었다. 베토벤이 '보나파르트'라는 제목을 파기한 순간 비로소 근대적인 의미에서의 '예술을 위해 살아가는 작곡가'가 탄생한다.

제1악장은 씩씩한 느낌이다. 제2악장은 갑자기 장송 행진곡으로 변한다. 제2악장은 유럽과 미국에서 국가의 지도자가 사망했을 때 연

독일 본에 있는 베토벤의 생가
이다.

주되는 경우가 있다. 제3악장은 쾌활한 곡으로 전쟁에 출전하기 전의 고양된 기분이 느껴진다. 그리고 제4악장에서는 당당히 승리한 모습이 그려진다. 그렇다. 「운명」과 아주 흡사한 구성이다. 「영웅」을 농축한 곡이 「운명」이라고 생각해도 좋다.

일반적으로 클래식을 좋아하는 청년이 가장 좋아하는 곡이 「영웅」이다. 「운명」은 너무나도 유명해서 좋아하는 곡으로 꼽기를 주저한다. 게다가 청년기에는 "나는 무엇을 위해 사는가"라고 자문자답하며 죽음을 동경하게 된다. 그런 이유에서 장송 행진곡도 들어 있는 「영웅」은 인기가 있으며, 클래식을 좋아하는 청년 중에는 "내가 죽으면 불경 대신에 이 곡을 틀어 달라"는 사람이 가끔 있다.

명곡 중의 명곡이므로 CD는 산더미만큼 나와 있지만 원칙대로 카라얀의 CD를 선택하기 바란다.

베토벤

열정 (1805년)

루드비히 반 베토벤(1770~1827년)

베토벤은 일생을 독신으로 지내면서 조카의 양육까지 맡게 되었으며 여러 가지 정신적인 일로 인해 음악가로서 청각을 잃어버리는 비극적인 운명에 맞닥뜨린다. 고전파에서 초기 낭만파의 전환기에 56년간의 생애를 보낸 그는 음악 양식을 최고 정상까지 높여 19세기 음악가들의 우상적 존재가 되었다.

피아니스트에게는 신약성서와 같은 곡

베토벤이 남긴 32곡의 피아노 소나타는 피아니스트에게는 신약성서라고 여겨지고 있는 곡이다. 구약성서에 해당하는 곡은 바흐의 「평균율 클라비어곡집」이다. 더불어 이 곡을 연주하지 못하면 프로 피아니스트라고 할 수 없으며, 몇 번을 연주해도 새롭게 발견하는 무엇이 있고 자신의 미숙함을 느끼게 하는 심오한 곡이라고 한다.

그리고 보니 「겨울연가」라는 TV드라마가 일본에서도 인기를 얻고 있는데 도대체 연가(소나타)라는 말은 무슨 의미일까? 사실 이 말을 이해하지 못하면 클래식을 이해할 수 없다고까지 하는 기본 중의 기본이라 할 수 있는 음악 전문 용어이다.

소나타란 말은 본래 "악기를 연주한다"라는 의미를 갖고 있다. 요컨대 성악=노래가 아니라 악기로 연주하는 곡 전반을 일컫던 시기도

1805년경 베토벤이 리히노프스키 후작을 위해 쓴 작품인 「열정」의 악보로 악보 위의 얼룩은 후작의 무리한 요구로 인해 비오는 밤에 뛰쳐나갔다가 젖은 자국이다.

있었는데 결국 특정한 형식을 가진 기악곡을 가리키는 말로 정착되었다. 피아노 소나타란 여러 개의 악장을 가진 피아노곡을 말한다. 악장의 수는 기본이 셋이지만 2개뿐이거나 4개일 때도 있다.

수많은 피아노 소나타 가운데 뛰어난 명곡 작품

베토벤은 피아노 소나타를 32곡 작곡하였으며, 그중에는 「비창」, 「월광」, 「열정」, 「템페스트」, 「전원」, 「발트슈타인」, 「고별」 등 표제가 있는 곡들이 유명하다. 후기가 될수록 길이가 길어지고 스케일도 커지며 중후함이 느껴진다.

음반에는 분명 한 장에 3곡 전후가 수록되어 있을 테지만, 먼저 꼭 들어 둬야 할 곡이 「열정」이다. 피아노 소나타 제23번으로 1805년에 완성된 이 곡은 중기의 걸작이다. 표제는 베토벤 본인이 아니라 출판사가 붙였지만 곡의 이미지와 맞아떨어진다. 이 곡은 교향곡 「운명」과 닮은 곡으로 격한 정열이 느껴지며 교차되는 고뇌와 환희를 훌륭하게 그려냈다.

1악장은 중후하게 시작한다. 이것이 1주제이며 이어서 나타나는 2주제는 경쾌하다. 「운명」의 유명한 멜로디인 "빠바바밤"도 여러 번 등장한다. 상당히 긴박한 분위기와 심상치 않은 열정이 느껴진다.

2악장에서는 조금 전까지의 흥분이 진정된다. 그렇지만 샘솟는 정열이 완전히 가라앉지는 않는다. 조용히 타고 있다. 그리고 3악장으로 흘러들어가면 나뭇잎이 바람에 살랑살랑하고 춤추는 것처럼 한없이 올라간다. 도대체 어디까지 올라가면 좋을까 생각할 정도로 올라간다. 그리고 엉키듯이 혹은 우르르 밀려들듯이 끝난다.

리히테르가 말년에 녹음한 라이브가 감동적이다.

오스트리아 빈에 있는 베토벤의 동상이다.

베토벤의 생가 안에 있는 조각상으로 생가는 현재 베토벤 박물관으로 개조되어 있다.

베를리오즈

환상 교향곡 (1830년)

루이 엑토르 베를리오즈
(1803~1869년)

프랑스의 작곡가로 '표제 음악'
이라는 새로운 관현악곡을 창시
했으며 베를리오즈의 관현악법
은 이후 많은 작곡가들에게 영
향을 주었다. 작품으로 「환상
교향곡」, 「로미오와 줄리엣」,
「로마의 사육제」, 「파우스트의
저주」, 「그리스도의 어린 시절」,
「레퀴엠」 등이 있다.

짝사랑하는 여배우에게 구애하기 위한 곡

관례인 건지, 깊은 의미가 있는 것인지는 잘 모르지만 클래식 명곡의 표기에는 규칙이 있다. 이 책에서 소개한 「운명」이나 「비창」 등은 「교향곡 (운명)」이라고 부르기도 하고 「(운명) 교향곡」이라고 부르기도 하므로 둘 다 정답이지만 베를리오즈의 이 곡은 「환상 교향곡」이라고밖에 부르지 않는다. 그러니까 "교향곡 환상"이라고 하지 않는다는 것이다. 그런 점이 이 곡의 위치를 설명해 주고 있는지도 모른다.

베를리오즈는 프랑스의 작곡가로서 1803년에 태어났다. 베토벤이 「영웅」을 완성한 무렵이다. 의사 집안에서 태어났지만 아버지가 음악을 좋아했기 때문에 어린 시절부터 음악 수업을 받았다. 그러나 아버지는 아들을 음악가로 만들려는 생각은 없었기 때문에 의사가 되는 공부를 시킨다. 베를리오즈는 파리의 대학에 들어가지만 의학공부보다도 오페라에 빠져 아버지의 반대를 무릅쓰고 파리의 음악원에 들어가 버린다.

1827년 9월, 당시 23살이었던 베를리오즈는 파리의 오데옹극장에서 셰익스피어의 「햄릿」을 보았다. 그리고 오필리아 역의 여배우에게 한눈에 반해 버린다. 그러나 인기 여배우는 무명의 청년 따위를 상대해 주지 않았다. 여러 통의 편지를 썼지만 무시당하기 일쑤였고 결국에는 수취조차 거부당한다. 실연을 당한 것이다.

다음 해 파리음악원에서는 전년도에 죽은 베토벤의 교향곡 연주회가 개최되었다. 연주회를 관람하러 간 베를리오즈는 특히 「전원」에 깊은 감명을 받는다.

바흐의 시대에는 교회와 궁정에 고용되어 고용주를 위해 작곡하던 음악가가 베토벤의 시대가 되자 후견인으로부터 지원은 받았지만 기본적으로는 프리랜서로서 자신을 위해 작곡을 하게 되었다. 베토벤의 죽음 직후에 파리의 청년 베를리오즈는 "한눈에 반한 상대에게 자신을 인정받기 위한 곡을 쓰자"는 생각을 했다. 오늘날의 밴드 청년들과 거의 비슷한 생각을 한 것이다. 이처럼 불순하지만 가장 순진한 작곡 동기에 의해 완성한 곡이 「환상 교향곡」이다.

교향시로의 가교 역할을 한 선구적인 작품

베를리오즈는 음악적으로는 베토벤의 영향을 받았고, 오페라의 영향도 받아서 이 둘을 융합하여 "이야기를 음악으로 표현하자"는 예술적 야심을 품었다. 부제에는 '어느 예술가 생애'라고 붙어 있는데 여기서 예술가란 자신을 가리킨다. 즉, 개인적인 작품인 셈인데 2주 만에 완성했다는 전설이 남아 있다.

5악장까지 있으며 각각에도 제목이 붙어 있고 줄거리도 기록되어 있다. 이야기가 길어지므로 제목만 소개하면 1악장 「꿈, 정열」, 2악장 「무도회」, 3악장 「들 풍경」, 4악장 「단두대로의 행진」, 5악장은 「마녀들의 밤의 향연의 꿈」이 제목이다. 제4악장의 기분 나쁜 행진곡은 상당히 유명하다.

'환상' 하면 낭만적인 이미지의 어감이므로 연인과 듣기에 좋은 곡 같지만 상당히 기괴한 곡이라는 것을 염두에 두고 감상해야 한다. 사랑하는 사람을 향한 정열과 그 마음이 받아들여지지 않음에 대한 고뇌를 계기로 망상이 망상을 불러 현실과 꿈이 구별되지 않는 망상의 세계를 표현한 음악이다.

실제로 그는 아편 중독자였다는 설도 있다. 어느 정도인지는 알 수 없지만 마약을 했다는 이야기는 사실인 것 같다. 그런 이야기를 고려한다면 이해가 가능한 곡이기도 하다.

음악사적으로 보면 「환상 교향곡」은 '고정악상'이라는 새로운 기법이 도입된 획기적인 작품이다. 고정악상이란 기법은 하나의 개념과 결부된 멜로디가 곡 속에 여러 번 나타나는 것으로 바그너의 라이트 모티브로 발전한다(295페이지의 「니벨룽겐의 반지」 참조).

프랑스인에 의해 본격적인 교향곡이 만들어진 것도 이 곡이 처음이었다. 더구나 베토벤의 「제9번」이 발표된 지 6년 만에 그 틀을 탈피하여 교향곡의 새로운 지평을 연 획기적 작품이 탄생했다. 이 곡이 낭만파 음악의 개막을 알리는 신호탄이 되었다. 고전파가 양식을 중시하고 조화와 균형 잡힌 미를 추구한 것에 반하여 낭만파는 작곡가의 감정, 정념, 정열을 표현하고 청중에게 감명을 주는 것을 중요시하므로 양식은 중요하지 않았다.

표제가 달린 교향곡은 그 당시로서는 이례적이었다. 교향곡의

모나코에 있는 베를리오즈의 동상이다.

영향을 받아 리스트는 이를 더욱 발전시켜 '교향시'라는 장르를 창출해 냈는데 그 견인차 역할을 한 작품이 바로 「환상 교향곡」이다.

　엄밀히 말하면 「환상 교향곡」도 실질적으로는 교향시라고 할 수 있다. 교향곡은 엄격한 양식을 바탕으로 한 음악인데 반하여 「환상 교향곡」은 그것을 완전하게 무시하고 있기 때문이다. 아무래도 베를리오즈는 오케스트라가 연주한 곡은 모두 교향곡이라고 믿고 있었나 보다. 교향시라는 단어가 그 당시에 있었다면 아마 그렇게 불렀을 것이다.

　그건 그렇고 여배우를 향한 사랑은 어떻게 되었을까? 「환상 교향곡」의 성공 덕분에 베를리오즈는 유명인이 되었고 마침내 사랑은 결실을 맺어 두 사람은 결혼한다. 그러나 그녀가 거액의 빚을 지고 있었으며 음악에 흥미를 보이지 않았기 때문에 결혼 생활은 원만하지 않았다. 베를리오즈도 외도를 하여 파국을 맞아 별거를 하지만 그녀가 죽을 때까지 이혼은 하지 않았다. 사랑은 환상, 결혼은 현실이라는 너무나도 흔한 이야기가 되어 버리고 만 것이다.

　오페라 지휘가 특기였던 카라얀은 표제음악도 특기여서 이 곡도 여러 번 녹음했다.

리스트

교향시「전주곡」(1848년)

프란츠 리스트(1811~1886년)

헝가리 출신의 피아니스트이자 작곡가로 피아노의 초절기법을 개척했으며 역사상 가장 위대한 피아니스트들 중 한 사람으로 추앙받고 있다. 「파우스트 교향곡」, 「헝가리 광시곡」 등이 있다.

교향시 창시자의 걸작

리스트는 수많은 피아노곡도 남겼지만 베를리오즈의 「환상 교향곡」의 영향을 받아 교향시라는 장르를 만들어 냈다는 점에서도 업적이 크다.

리스트는 1811년에 헝가리에서 태어났지만 부모는 독일인이다. 태어난 마을이 어쩌다 헝가리령에 있었을 뿐이고 항가리어는 전혀 못했다. 그러나 태어난 고향을 위해 「헝가리 광시곡」이라는 명곡을 남겼다. 그래서 리스트는 헝가리에서 자국의 작곡가로 대접받고 있다. 쇼팽과는 달리 피아니스트로서는 30대에 은퇴하고 그 후에는 작곡가, 지휘자, 그리고 음악계의 실력자로 군림했다.

피아니스트 시절의 업적은 연주 자체도 그렇지만 리사이틀이라는 연주회 형식을 확립하고 무대에서 청중을 열광시키는 행

헝가리 민족의상을 입고 있는 리스트의 모습으로 피가니니는 리스트에게 가장 많은 영향을 미친 작곡가였다.

동방식을 고안해 냈다는 점을 꼽는다.

　　동시대에 활약했던 천재 음악가 쇼팽이 거의 자신의 작품밖에 연주하지 않았던 것에 비해 리스트는 타인의 작품도 자신의 기술로 훌륭하게 연주했다. 그런 점에서 현대 피아니스트의 원조라고 하겠다.

리스트가 작곡한 「헝가리 광시곡」은 그가 어렸을 때부터 들었던 집시음악과 관련이 깊은데 그림은 19세기 헝가리 사람들의 모습이다.

수많은 음악가에게 영향을 준 리스트

리스트는 문학이든 사상이든 인간이 생각하는 바는 모두 음악으로 표현할 수 있다고 생각했다. 그는 베를리오즈의 「환상 교향곡」을 듣고 이런 생각을 강하게 하였으며, 이렇게 해서 탄생한 것이 교향시(영어로는 심포닉 포엠)라는 새 장르였다.

마리다구 백작 부인은 리스트에게 예술적 영감을 많이 준 여인이다.

리스트가 생각한 교향시는 '이야기를 음악으로 엮어 만든 것'이 아니라 그 이야기가 표현하고 있는 주제를 음악으로 표현하는 것이었다.

리스트를 창시자로 하는 교향시라는 장르는 독일에서는 리처드 슈트라우스가 이어받아 「차라투스트라는 이렇게 말했다」 등의 작품으로 이어 간다. 그리고 체코의 스메타나와 드보르작, 프랑스의 드뷔시, 라벨도 교향시를 이어간다.

리스트의 대표작인 교향시는 「전주곡」이다. 프랑스 시인이자 정치가였던 라마르티누의 「시적 명상록」에 영향을 받아 만들었다. 본편 없이 전주곡만으로 이루어진 곡이라니 언어적으로 모순이 있지만 여기에는 깊은 의미가 있다. 인생이란 것은 모두 죽음을 향한 전주곡에 지나지 않는다는 라마르틴의 생각이 바탕에 깔려 있다.

전체가 하나의 악장이며 4부로 구성되었다. 사랑, 고난, 평안, 투쟁이 각각의 주제이다.

이 곡도 카라얀의 연주 목록에 들어가 있는데, 확실한 표현이 돋보인다.

바그너

트리스탄과 이졸데
(1859년)

빌헬름 리하르트 바그너
(1813~1883년)

영향력 있는 독일의 작곡가이자
지휘자, 음악 이론가, 수필가이
다. 음악적 사고를 총체예술
Gesamtkunstwerk이라는 발상
을 통해 전환해 나갔고, 이는 그
의 기념비적인 4개의 오페라 연
작 「니벨룽겐의 반지(1876)」를
통해 잘 드러나 있다.

음악의 종착점이라고도 할 수 있는 걸작

바그너의 최대 작품은 「니벨룽겐의 반지」 4부작(295페이지 참조)
이지만 최고 걸작은 「트리스탄과 이졸데」이다.

줄거리는 명작 오페라가 그렇듯이 단순하다. 트리스탄은 용사,
이졸데는 트리스탄이 모시는 왕의 아내이다. 그러나 두 사람은 서로 사
랑에 빠지고 사랑을 포기하지 못한 채 죽는다. 세부적으로는 여러 사건
이 전개되지만 움직임이 거의 없는 오페라에서 가수는 서서 노래만 계속
할 뿐이다.

CD 음반으로는 4장이나 되는데 4시간 가까이에 걸쳐 이렇다
할 드라마틱한 전개도 없이 계속되지만 음악이 압도적인 힘을 가지고 관
객을 감싸 안아 마약처럼 사람을 도취시킨다.

시험 삼아 듣는다 해도 4시간은 너무 긴 시간인데 다행이도 전

주곡과 「사랑의 죽음」이라는 마지막 장면의 음악만 관현악곡으로 연주한 예가 많아 처음과 마지막만을 듣는 경우가 많다. 「바그너 관현악곡집」이라는 제목의 음반은 대개가 이 두 곡을 함께 싣고 있으므로 우선은 이것을 들으면서 범상치 않은 작품의 세계에 빠져 보자. 듣고 난 뒤 "이건 아니야", "아무래도 맘에 들지 않아" 하는 생각이 들면 그뿐이고, 빠져들면 전곡을 모두 듣는 것에 도전하면 된다.

음악적으로도 이 곡은 기능화음의 파격적인 붕괴, 반음계적인 대위선율, 무한선율 등의 여러 가지 면에서 획기적인 시도를 함으로써 20세기의 음악에 큰 영향을 주었다.

바그너와 코지마가 빈에 있을 1872년에 그린 그림으로 코지마는 아버지 리스트의 반대에도 불구하고 그와 결혼을 한다.

불륜의 사랑을 활력의 밑거름으로

이 곡은 대작 「니벨룽겐의 반지」가 완성이 늦어지고 상연에 대한 희망도 보이지 않자 기분 전환삼아 짧은 오페라를 하나 써야겠다는 생각이 발단이 된 작품이다. 그런데 계획대로라면 소품으로 완성되었을 「트리스탄과 이졸데」가 예상과 달리 구상이 넘쳐나 대작이 되어 버렸다. 작곡하는 동안 바그너는 부유한 상인의 아내와 불륜의 사랑을 하고 있었다. 그 때문에 쓸데없이 들떠서 곡에 빠져들었는지도 모른다.

작곡하면서 스스로도 흥분 상태에 있던 바그너는 제1막을 완성한 뒤 "이 곡은 유례없는 작품"이라고 기록했다. 제2막을 완성한 뒤에는 "나의 최고 걸작"이라고 기록했고, 전곡을 완성했을 때는 "리처드, 너는 악마의 아들"이라고 외쳤다.

　　그러나 이러한 걸작도 좀처럼 햇빛을 보지 못한다. 1859년에 완성했는데 작품의 규모가 너무 커서 당시에는 상연할 수 있는 오페라극장이 없었다. 1865년에 간신히 초연되었다. 그때 바그너와 상인의 아내와의 불륜의 사랑은 끝이 난 상태였다.

　　다음으로 바그너의 불륜 상대가 된 사람은 지휘자 한스 폰 빌로의 아내였던 코지마였는데, 어이없게도 그녀의 남편 빌로가 이 작품이 초연될 때 지휘를 맡았다. 그 시점에서 바그너와 코지마는 부부나 마찬

트리스탄과 이졸데의 곁에 있는 마르크 왕을 그린 그림으로 바그너의 「트리스탄과 이졸데」는 인간 심리를 잘 파고들었다는 평가를 받고 있다.

가지처럼 살고 있었고 자식도 낳았다. 아내의 불륜 상대가 만든 불륜의 사랑이야기를 지휘한 심정은 어땠을까?

카라얀의 음반에는 전곡을 녹음한 음반도 있고, 「전주곡」과 「사랑의 죽음」만을 녹음한 음반도 있다.

대예술가의 면모가 잘 느껴지는
바그너의 조각상이다.

스메타나

나의 조국(1879년)

민족주의 음악의 최고 걸작

　　5월에 체코의 프라하에서 개최되는 프라하의 봄 음악제에서 매년 반드시 오프닝으로 연주되는 곡이 스메타나의 「나의 조국」이다. 음악제의 첫날은 5월 12일로 정해져 있으며 이 날은 스메타나의 탄생일이다. 스메타나는 체코의 국민적인 작곡가이다.

　　스메타나는 1824년에 체코의 보헤미아 지방에서 태어났다. 그 무렵의 체코는 오스트리아의 지배를 받고 있었기 때문에 민족의 독립이 국민의 염원이었다. 스메타나도 신동으로 6살에 피아니스트로서 청중 앞에서 연주했다. 그는 본격적인 음악교육을 받은 후 피아니스트, 합창 지휘자로서 스웨덴에서 활약하는 한편, 리스트가 표방하던 표제음악에 영향을 받아서 교향시를 작곡하기 시작한다. 1861년에 체코에서 독립 운동이 왕성해지자 귀국한다.

1909년 뉴욕 메트로폴리탄 오페라극장에서 공연된 「팔려간 신부」에서 소프라노를 맡았던 에이미 데스틴이다.

그 무렵 동유럽과 북유럽, 러시아에서는 국민음악의 수립이 음악가들의 주제였다. 제국의 지배로부터 민족의 독립을 이루려는 정치운동이 배경에 깔려 있어 민족국가에는 국민음악이 필요하다고 생각한 것이다.

국민음악이란 독일음악에 대한 안티테제이기도 했다. 각각의 민족에는 고유의 전통적인 무곡이나 민요가 있다. 그것들을 소재로 도입해야 한다고 주장하고 실행한 사람이 국민악파라고 불리는 작곡가들이었다. 스메타나도 당연히 그런 생각의 소유자로 애국적인 주제의 곡을 만들었다. 그 대표적인 곡이 「나의 조국」이다.

누구나 쉽게 친숙해지는 목가적 멜로디

「나의 조국」은 6개의 교향시의 연작으로 「높은 성」, 「몰다우」, 「사르카」, 「보헤미아의 숲과 초원에서」, 「타보르」, 「블라니크」로 이루어졌다. 그중에서도 「몰다우」는 워낙 유명해서 자주 연주된다. 남보헤미아의 숲에서 흘러나오는 몰다우 강이 프라하 시를 지나 마침내 엘베 강과 합류하기까지의 모습이 그려져 있다. 앨범 자켓으로 그리기 가장 쉬운 곡이다.

체코는 오스트리아, 독일, 러시아(소련)라는 대국에게 연달아 지배를 당하는 고난의 역사를 걸었다. 그런 고난의 역사가 애국심을 낳고 국민음악도 낳았다.

「나의 조국」에서는 체코의 자연 풍토뿐만 아니라 역사와 신화도 그려져 있다. 말이 없는 음악만으로 표현하는 것이기 때문에 듣는 쪽이 같은 마음을 갖고 있지 않으면 무엇을 연주하고 있는지 알 수 없다. 체코 사람이 아니면 모르는 자연 풍경이며 역사, 신화를 표현하고 있지만 목가적이고 웅대한 멜로디가 많기 때문에 누구나 쉽게 친숙해질 수 있다.

카라얀은 6곡 중 유명한 「몰다우」와 「높은 성」밖에 녹음하지 않았다. 체코를 지배하던 측에 속한 사람이었기 때문일 것이다. 이 곡은 국민음악이라는 점 때문에라도 체코 연주가의 연주로 들어야 한다. 체코가 사회주의 체제였던 동안 망명 생활을 했던 쿠벨릭은 1989년 비로드 혁명으로 체코에 민주화가 실현되자 그 다음 해에 프라하의 봄 음악제를 위해 30년 만에 조국에 돌아간다. 당시 그는 체코 필하모니를 지휘했는데 그때 당시의 연주가 라이브로 녹음되어 있다. 매우 감격스러운 연주이다.

오페라 「팔려간 신부」의 개정판 악보이다.

스메타나가 죽은 지 20년 뒤에 막스 슬라빈스키가 그린 동판화로, 스메타나는 체코 민족음악의 창시자로 체코인들로부터 많은 사랑을 받고
있다.

스트라빈스키

봄의 제전 (1913년)

20세기 음악 최대의 스캔들

초연 때 혹평을 받았던 곡이 많지만 20세기 음악에서 최대의 스캔들이 된 곡은 스트라빈스키의 발레음악 「봄의 제전」이다.

스트라빈스키는 1882년에 태어난 러시아의 작곡가인데, 러시아혁명 후 고국에 돌아가지 않고 각지를 전전하다가 1935년부터는 프랑스에서 그리고 나중에는 미국에서 살았다. 사망한 때는 1971년이었다.

베이스 가수의 아들로 태어났지만 처음에는 법률을 공부했고 다른 한편으로는 작곡 공부도 했다. 신동이었으나 천재 코스를 밟지는 않았다.

초기의 작풍은 사사 받았던 림스키코르사코프의 영향 하에 있었지만 결국에는 스승을 능가한다. 출세작은 러시아 발레단을 위해 쓴 3개의 발레곡이었다. 최초의 곡이 「불새」이며 1910년의 작품이다. 테즈

20세기 발레의 혁명가로 불리는 모리스 베자르가 안무한 스트라빈스키 「불새」의 한 장면이다.

카 오사무(일본 만화가)가 젊은 시절에 이 곡을 듣고 감명을 받아 명작 「불새」를 그린 계기가 되었다.

「불새」는 절찬을 받았다. 그야말로 하루 아침에 스트라빈스키는 대음악가로 인정받은 것이다. 그는 파리에서 드뷔시, 라벨, 사티 등과도 친분을 맺고 영향을 받는다. 러시아의 작곡가 스트라빈스키는 세계를 향해 날갯짓을 했다.

시대를 앞서간 명곡

그는 계속해서 발레곡 「페트로슈카」를 발표하였다. 이때까지는 좋았지만 다음 곡 「봄의 제전」이 거대한 스캔들에 휩싸인다. 1913년 5월, 신축한 파리 샹젤리제극장에서 초연을 할 때는 상연 도중에 야유와

러시아의 지휘자 발레리 게르기예프가 지휘하는 모습. 스트라빈스키의 「봄의 제전」을 제대로 들으려면 게르기예프의 연주를 들어야 한다.

고함이 날아다녔다. 세계에서 가장 전위적인 파리의 청중도 「봄의 제전」
은 따라가지 못했다.

그러나 다음 해인 1914년에 재연되었을 때는 큰 갈채를 받았
다. 실패작이라고 생각했던 「봄의 제전」은 이렇게 해서 명곡의 반열에 올
랐다.

먼저, 리듬이 대단하다. 원시주의라고 불렸는데, 그야말로 이
름 그대로 원시적이면서 야만적인 리듬이다. 2부로 구성된 곡으로, 러
시아의 대지와 태양신에 대한 예찬을 소재로 한 발레곡이다. 같은 러시
아의 발레곡이라고 하여 「백조의 호수」와 같은 동화 같은 느낌을 기대한
다면 배신감을 느낄지도 모른다.

카라얀의 레코드를 들었던 스트라빈스키는 이것은 내 곡이 아
니라고 화를 냈다고 한다. 야만적이고 원시적이어야 할 작품이 카라얀
에 의해 유려한 곡으로 바뀌어 버렸기 때문일 것이다.

야만적인 연주가 좋다면 지금 러시아의 제일선에서 활약하고
있는 게르기예프(1953년~)가 지휘한 연주를 들어보기 바란다.

쇤베르크

정화된 밤 (1899년)

아놀드 쇤베르크(1874~1951년)

오스트리아의 작곡가로 12음 음악의 작곡 기법을 창시하고 완성하여 현대 음악에 큰 영향을 남겼다. 베를린 예술 아카데미의 교수를 지냈고 미국으로 망명하여 작곡 활동을 계속하였다. 작품으로 「정화된 밤」, 「구레의 노래」, 「달에 홀린 피에로」, 「바르샤바의 생존자」 등이 있다.

가장 새로운 클래식

쇤베르크는 20세기를 대표하는 음악가이다. 클래식이라고 하면 고전, 즉 옛날 작품이라는 이미지가 있지만 넓은 의미의 클래식음악은 현재에도 계속해서 신곡이 만들어지고 있고 그것들은 현대음악이라고 불리고 있다. 고전의 현대라는 말이 혼란스럽기는 하지만, 요컨대 팝이나 록이 아닌 서양음악의 양식에 따른 작품이 오늘날 우리나라에서 작곡되더라도 클래식이 되는 것이다.

1970년대 즈음까지는 틀림없이 현대음악에 속했던 쇤베르크의 작품도 21세기가 된 지금은 문자 그대로 클래식이 되었다.

쇤베르크는 1874년에 빈에서 태어났다. 유태인 상인 집안의 아들이었고 음악은 독학을 했다. 이른바 신동이나 천재 코스를 밟지는 않았다. 처음에는 브람스, 말러 등의 영향을 받은 작품을 발표했지만 마침내 지금까지의 다장조라든지 라단조와 같은 '조'가 없는 음악을 창조한다. 무조음악이라고 불리는 것이다. 그리고 12음 기법의 창안에 나선다.

그 기법은 그때까지의 음악에는 없었던 음색을 창조했으며 음악에 새로운 지평을 열었음이 틀림없지만 막다른 골목으로 향하는 입구이기도 했다. 너무 전위적이었던 현대음악은 마침내 멜로디를 버리고 리듬도 파기하여 들어도 즐겁지 않은 것이 되어 청중의 지지를 잃었다.

쇤베르크에게는 제자가 있었는데, 제자였던 베르크와 베베른은 쇤베르크를 아울러 신 빈악파 혹은 제2차 빈악파라고 불린다. 이 세 사람은 명확한 그룹 의식이 있었다. 그렇다면 구 빈악파(제1차 빈악파)도 있었을까? 구 빈악파란 하이든, 모차르트, 베토벤을 가리키는 말이며, 신 빈악파란 구파와 비교했을 때 '신新'이라는 의미이다. 구파는 서로 얼굴을 알고 있었지만 세대도 조금씩 다르고 그룹 의식 따위는 없었다.

사랑의 시를 주제로 한, 드라마틱한 명곡

쇤베르크의 대표작은 「정화된 밤(「정야」라고도 번역한다)」으로, 원래는 현악6중주곡(각 두 사람씩의 바이올린, 비올라, 첼로)이었지만 오케스트라가 연주하는 현악합주 음반도 있다. 오리지널은 1899년에 만들어졌고 이후 여러 차례 수정이 가해졌다.

「정화된 밤」은 표제음악으로 독일의 시인, 데멜의 시를 원작으로 하였다. 남녀의 사랑 이야기다. 달밤에 남녀가 걷고 있고 여성이 고백한다. "모르는 남자에게 몸을 맡기고 그 남자의 아이를 가졌어요. 지금 당신을 만나 그 일을 후회하고 있답니다"라고. 남자는 "그 아이를 함께 키웁시다. 낳아 주오"라고 대답한다. 그리고 달빛이 비추는 정화된 밤을 칭송한다.

쇤베르크의 현악 6중주 「정화된 밤」을 듣고 나서 그린 칸딘스키의 「즉흥곡 3」이다.

매우 드라마틱한 곡이다. 음의 윤곽이 애매하여 확실히 19세기까지와는 다른 선율의 곡이지만 심미적인 곡이므로 현대음악에 문외한이라고 생각하는 사람도 무난히 들을 수 있다. 전위적인 면도 물론 있다. 말하자면 고전과 전위의 경계선에 있는 곡이다.

1970년대 전반, 그때까지 현대 음악에는 그다지 관심을 가지지 않았던 카라얀이 갑자기 신 빈악파 세 사람의 대표곡을 녹음했다. 「정화된 밤」도 물론 그 가운데 포함되었고, 이 곡의 진가를 알리는 명음반이 만들어졌다. 카라얀의 음반 덕분에 쇤베르크도 클래식의 대열에 들어섰다고 할 수 있다.

쇼스타코비치

교향곡 제5번(1937년)

드미트리 쇼스타코비치
(1906~1975년)

초창기의 아방가르드 시기를 제외하고는 주로 낭만파적인 작품을 썼으며 구스타프 말러의 영향을 많이 받았다. 무조주의 형식을 도입하였으며 12음렬 기법을 사용하기도 했다. 강한 대조를 이루는 쇼스타코비치의 음악은 그로테스크(기괴한)적인 요소를 보여 주기도 한다.

「혁명」이라는 이름으로 유명한 곡

　　무명 작곡가의 작품은 그렇다 치더라도 나라를 대표하는 작곡가의 작품이면서도 완성된 지 25년 동안이나 연주되지 않았던 교향곡이 있다. 소련의 쇼스타코비치의 교향곡 「제4번」이 그렇다. 그가 30살이 되던 1936년, 완성된 곡이지만 초연을 한 연도는 1961년이었다. 작곡되고 나서부터 초연될 때까지 사이에 제2차 세계대전이 있었고 소련에서는 스탈린 독재 체제가 계속되었다. 그 후 공포정치의 시대가 끝나고 일시적인 개방 정책의 시대가 되어서야 비로소 연주되었다. 작곡가가 실패작이라고 생각하여 감추어 두었을까? 아니면 공표하면 뭔가 곤란한 일이라도 있었던 것일까?

　　봉인된 4번 다음으로 발표한 곡이 「제5번」이었다. 1937년 러시아혁명 20주년을 기념한 행사에서 초연되었고 정부의 호평을 받았다.

소련의 지휘자 쇼스타코비치가 동
경에서 공연하고 있는 모습이다.

일본에서는 「혁명」이라는 제목이 맘대로 붙여져 긴 세월 동안 「혁명」이라는 이름이 붙은 레코드가 만들어졌다. 하지만 1991년, 소련 붕괴 이후에는 「혁명」이라는 제목을 쉽게 찾아보지 못하게 되었다.

제목을 「혁명」이라고 붙였다고 해서 감상하는 데 방해가 되지는 않는다. 1악장은 심각하게 시작한다. 황제의 압정에 고통스러워하는 인민의 비극이 그려졌고, 2악장에서 투쟁을 결심한 혁명전사가 그려진다. 3악장은 아름다운 곡이지만 절망적인 투쟁의 모습이 그려졌고, 4악장에서는 힘들었던 투쟁이 마지막에는 승리로 끝나는 모습이 그려진다. 「혁명」이라는 제목으로도 이처럼 「고뇌·투쟁·절망·승리」의 느낌을 맛볼 수 있다. '고뇌에서 승리로'라는 구성은 베토벤의 「운명」과 비슷하다.

혁명 찬가일까? 반체제의 곡일까?

이 곡이 그렇게 간단한 곡이 아니라는 것을 알게 된 것은 1970년대 후반, 쇼스타코비치가 죽은 뒤였다. 작곡된 당시 소련에서는 예술도 혁명을 위해 봉사해야 했다. 인민이 쉽게 이해할 수 있는 곡이야말로 올바른 음악으로 취급을 받았다. 따라서 많은 작곡가는 제목이 있는, 게다가 혁명을 칭송한 내용의 곡을 앞다퉈 썼다.

그런 가운데 쇼스타코비치는 사회풍조에 역행하는 것처럼 제목이 없는 곡을 쓰려고 하였고 그렇게 해서 완성된 곡이 「교향곡 제5번」이었다는 사실이 밝혀졌다. 「혁명」을 표현한 교향곡이라고 믿었던 사람들은 놀랐다. 마지막 부분에서 혁명이 승리한 것처럼 울려 퍼지는 선율은 사실은 '강요된 환희', '보여 주기 위한 기쁨'이라는 해석도 있어서 작곡가의 진의가 어디에 있는지 지금도 논쟁의 표적이 되고 있다.

수수께끼의 「제4번」이 빈번하게 연주된 뒤부터는 「제4번」의 예술적인 선진성 · 전위성을 엷게 하여 대중적으로 만든 곡이 「제5번」이며 양자가 표리의 관계에 있다는 것을 알게 되었다. 당시의 연주 기술로는 연주하기 곤란했던 「제4번」을 봉인하고 더 이해하기 쉬운 「제5번」을 연주한 것이다.

혁명을 찬미한 곡일까, 아니면 억압된 사회주의 체제 하에 있던 예술가의 진의가 교묘하게 감추어진 반체제의 곡일까? 그도 아니면 이처럼 정치적으로 접근하는 것 자체가 잘못이고 사실 아무런 사회적 주제가 없는 단순한 곡일까? 의혹은 깊어지기만 할 뿐이다. 하지만 그러한 의혹 때문에 여러 가지 곡 해석이 가능하여 좋은 연주들이 앞으로도 더 많이 나올 것으로 기대된다.

그건 그렇고 말러에서 끝났던 교향곡이라는 장르가 소련에서는 살아남았다. 러시아혁명 후에 미국으로 망명한 라흐마니노프는 피아니스트로만 살아야 했던 반면, 쇼스타코비치는 사회주의 국가에 체재함으로써 작곡가로서의 생애를 견지할 수 있었고 교향곡을 15곡이나 만들었다.

왜 서방에서는 교향곡이 탄생하지 않았을까? 이것은 완성될 때까지 여러 해가 걸리는 교향곡에 착수하면 그 동안은 수입이 없어 생활을 할 수 없기 때문이다. 이제는 궁정과 교회도 작곡가의 생활을 돌봐주지 않는다. 작곡가는 상업의 궤도에 오른 오페라와 발레곡을 쓸 수밖에 없었다. 그렇지 않으면 헐리우드로 건너가 영화음악을 쓰는 작곡가로 전락해야 했다. 당시엔 그런 작곡가가 많았다.

사회주의 국가만이 위대하다고 인정되는 작곡가의 생활을 보살펴주었다. 사상적인 자유가 없는 국가에서만 작곡가 자신이 좋아하는 음악을 돈 걱정 없이 제작할 수 있었다는 점에서 20세기 역사의 아이러

러시아혁명 후 미국으로 간 라흐마니노프는 피아니스트로만 살아야 했다. 그림은 그가 세 번째 협주곡을 작곡할 당시의 모습이다.

니가 아닐 수 없다. 쇼스타코비치는 예술가로서의 양심과 싸우면서 작품을 남겼다.

　　　카라얀은 「제5번」을 녹음하지 않았다. 따라서 이 작품을 초연 때 지휘하기도 하였으며, 이후에도 이 작품을 지휘한 사람 가운데 일인자로 평가받는 소련의 무라빈스키가 지휘하고 레닌그라드 필하모니가 연주한 음반을 먼저 들어보기 바란다. 이 외에 번스타인이 지휘하고 뉴욕 필하모니가 열연한 음반도 있다.

바흐

마태수난곡 (1727년)

요한 세바스찬 바흐(1685~1750년)

서양 음악사에 길이 남을 위대한 음악가 중의 한 사람이다. 지금까지의 서양음악이 전부 없어진다고 해도 바흐의 「평균율 클라비어곡집」 두 권만 남는다면 그것을 토대로 다시 만들 수 있을 정도로 중요한 위치에 있는 작곡가이다. 노년에는 시력을 잃는 고통을 겪기도한 바흐는 독실한 그리스도교신자이다.

클래식 최고봉의 명곡

「마태수난곡」이야말로 인류역사상 최고의 예술작품이라고 평가하는 사람들이 있다. 음악뿐만 아니라 문학, 미술 등을 총망라하여 최고의 작품이라는 평가다. 게다가 동의 여부에 상관없이 클래식음악의 최고봉에 자리한 곡이 바흐의 「마태수난곡」이란 사실은 정설로 받아들여지고 있다. 「마태수난곡」이 최고봉이라면 이후의 음악 역사는 뭐란 말인가, 하는 의문도 생기지만 전문가일수록 「마태수난곡」을 최고의 작품으로 꼽는다.

이 작품은 신약성서 속의 '마태에 의한 복음서'를 음악으로 만든 곡이다. '수난'이란 영어로는 'passion'이다. 정열이나 격정이라는 의미의 단어와 같은 뜻으로 원래의 의미는 그리스도가 십자가에 매달려 죽은 것을 가리킨다. 그것이 왜 '정열'이란 뜻으로 풀이되는지 우리 식의 어감으로는 잘 이해가 가지 않지만, 일종의 집단적 정열이 그리스도를 십자가에 매달리게 한 것이라고도 해석할 수 있을 것 같다.

성서의 일부이기 때문에 원래는 교회에서 낭독하였는데 언제부터인가 곡을 붙여 수난곡이라는 장르의 작품이 만들어졌다. 무대 의상을 입는다거나 무대 장치가 필요한 곡은 아니지만 일종의 음악극이라 생각해도 무방하다.

바흐는 전부해서 3개의 수난곡을 만들었다는 기록이 남아 있지만 악보가 남아 있는 곡은 「마태수난곡」과 「요한수난곡」뿐이며 그중에서도 「마태수난곡」이 명작으로 꼽히고 있다.

「마태수난곡」이 작곡된 시기는 바흐가 라이프치히의 성 토마스 교회에 고용되어 있던 시절이었다. 3년에 걸쳐 작곡했다고 한다. 그때 바흐의 나이는 40대로 절정기에 해당한다.

멘델스존에 의해 100년 만에 부활하다

그러나 이 곡도 처음부터 명곡으로 인정받은 것은 아니었다. 왜냐하면 완성된 것은 1727년이지만 1750년에 바흐가 죽은 뒤에는 완전히 잊혀지고 말았기 때문이다. 그러다가 1829년에 당시 20세였던 멘델스존이 베를린에서 연주회를 가지면서 100년 만에 부활한다. 이것을 계기로 바흐는 재평가를 받고 오늘날까지 인정받는 음악의 아버지라는 명성을 손에 넣었다. 명곡 「마태수난곡」뿐만 아니라 바흐라는 작곡가 자체도 그때까지는 기억 속에서 묻힌 상태였다.

만약 이때 멘델스존이 부활시키지 않았더라도 언젠가는 누군가가 부활시켰을 테지만 「마태수난곡」의 부활만으로도 멘델스존의 업적은 크다. 멘델스존의 연주회는 자선연주회 형식으로 개최되었다. 그는 모

두 자기 부담으로 연주회 비용을 지불하였고 대부분의 출연자도 출연료를 받지 않았다.

독일의 라이프치히에 있는 바흐 박물관 내부의 모습. 그가 애용한 오르간과 악기가 전시되어 있다.

　　음반으로는 3장이 한 묶음이며 연주 시간이 3시간 전후로 대작이다. 오케스트라의 연주와 합창곡, 독창으로 구성되었다. 성서에 대한 기초지식이 없으면 내용을 이해하기 힘들지만 그래도 뭔가 경건한 분위기가 느껴지면서 수난의 이야기를 노래하고 있다는 생각이 들게 한다. 작곡 기교의 면에서 봐도 여러 가지 기법이 사용되었음을 알 수 있다.

　　줄거리는 마침내 그리스도에게 수난이 닥쳐오리라는 예언이 내려지고, 예언대로 체포되어 유죄를 판결 받은 뒤 십자가에 매달려 죽임을 당하여 땅에 묻힐 때까지의 모습을 그렸다.

들어본 뒤에 "잘 모르겠지만 언젠가는 제대로 들어보고 싶은 곡이다"라는 생각이 들면 그것으로 좋은 것이 아닐까? 반면에 "아무래도 종교음악과는 맞지 않는다"고 느껴도 특별히 상관없다. 교회에서 시작된 음악이 이탈하여 거리로 나가 시민의 것이 된 과정이 서양음악의 역사다. 바흐는 「마태수난곡」 작곡 후에 교회와 다투었고, 이를 계기로 교회에서의 일을 그만두고 말년에는 프리 음악가로서 살았다.

원래 「마태수난곡」은 교회 연주를 목적으로 한 곡으로, 바흐는 대규모로 편성된 오케스트라와 대합창단에 의해 연주될 것이라고 예상하지 않았다. 연주하는 악기도 당시와는 다르다. 그러나 20세기 중반까지는 큰 규모의 오케스트라와 대합창단에 의해 공연되었다.

카라얀도 대규모의 연주를 하였는데 이는 오페라적이라는 비판을 받기도 했다. 오늘날에는 고악기를 이용한, 적은 인원에 의한 연주가 바람직한 연주로 받아들여지고 있다. 하지만 드라마틱한 카라얀의 음반이 입문용으로는 좋다.

바그너

니벨룽겐의 반지
(1874년)

윌헴 리차드 바그너(1813~1883년)

서양 고전음악 중 낭만파 시기의 축약으로 간주되는 그의 음악은 전례가 없는 감상적 표현에 대한 탐구를 했다. 화성과 음악 형식에 있어서 새로운 생각을 소개했는데 극단적인 반음계법이 포함된다. 극도의 찬반이 엇갈리는 평가를 받고 있는 그의 음악은 혁신뿐만 아니라, 그에 대한 반유태인적 시각에서도 기인한다.

CD 15장에 들어가는 4부작

소설에도 전체 분량이 십여 권이나 되는 장편소설이 있는가 하면 몇 페이지로 끝나는 단편소설이 있듯이 음악에도 1분 전후의 피아노곡이 있는가 하면 1시간 이상 걸리는 교향곡이나 몇 시간이나 걸리는 오페라도 있다. 길다고 해서 훌륭한 작품이란 뜻은 아니지만 평생에 한 번은 감상해 보고 싶은 작품이 바그너가 작곡한 4부작 장편 오페라 「니벨룽겐의 반지」이다. 4부작을 세는 방식이 좀 까다롭다. 서야 「라인의 황금」, 제1일 「발퀴레」, 제2일 「지크프리트」, 제3일 「신들의 황혼」으로 구성된다. 결론적으로는 총 4일인데 「서야와 3일 밤의 악극」이라고 부른다.

한 작품 당 연주 시간이 4시간 이상 걸리는 대작이어서 음반으로는 전부해서 15장이나 된다. 극장에서 듣는 경우에는 중간에 휴게시간도 있으므로 한 작품 당 6시간 정도 걸린다. 같은 가수가 계속해서 등장하기 때문에 연일 공연을 하다가는 목에 무리를 가져올 수 있기 때문에 공연 기간 동안에 휴일을 두는데, 그런 이유에서 공연은 적어도 일주일은 걸린다. 4개의 작품이 줄곧 상연되는 경우는 그다지 흔하지 않고 한 작품씩 낱개로 상연되는 경우가 많다.

대본도 바그너가 썼다. 그리고 이 대작을 상연하기 위해 극장도 짓고 음악제도 열었다. 바그너는 위대한 흥행사이기도 했다.

바그너도 처음부터 초대형 작품을 예정한 것은 아니었다. 처음에 대본을 완성한 것은 이야기의 마지막 부분에 해당하는 「신들의 황혼」부분이었다. 그러나 그 부분만으로는 무슨 이야기인지 이해할 수 없었기 때문에 전편의 이야기도 써야겠다고 생각했고, 그리하여 「지크프리트」를 완성했다. 그리고 덧붙여 주인공의 부모 이야기도 써야겠다고 생각하여 쓴 곡이 「발퀴레」였고, 좀 더 과거로 거슬러 올라가자 싶어서 모든 이야기의 발단인 「라인의 황금」을 완성했다.

이와 같이 4부작 대본은 뒤쪽에서부터 만들어졌다. 대본 작업이 모두 끝나고 나서 작곡에 착수했는데 이번에는 앞쪽에서부터 시작했다. 그러나 아무리 시간이 지나도 끝이 보이지 않자 잠시 작곡을 중단하고 다른 작품에 손을 댔다. 그렇게 해서 탄생한 작품이 최고의 걸작 「트리스탄과 이졸데」였다.

한편, 「니벨룽겐의 반지」 4부작은 반지를 손에 넣는 사람이 세계를 지배할 수 있다는 줄거리로, 반지를 둘러싸고 이야기가 전개된다. "뭐야 이거, 「반지의 제왕」 하고 똑같잖아" 하고 생각할지 모르겠지만 같은 점은 반지를 둘러싼 이야기라는 것뿐이다. 둘은 전혀 다른 이야기이다. 오히려 「니벨룽겐의 반지」는 다른 대작 영화와 닮아 있다 .

「니벨룽겐의 반지」에는 북유럽 신화, 게르만족의 신화, 그리고 독일의 전설 등 갖가지 요소가 뒤엉켜 있다. 등장인물은 신들이다. 신들

화가 장 데빌이 바그너의 「트리스탄과 이졸데」에서 영감을 얻어 그린 그림이다.

가운데 최고의 신이 인간의 여성과 바람을 피워 아기가 태어났는데 그들은 이란성 쌍둥이 형제이다. 쌍둥이 형제는 뭣 모르고 함께 잠자리를 갖게 되고, 그렇게 해서 태어난 것이 후반부의 주인공 지크프리트이다. 게다가 아버지와 아들이 대결하는 장면도 있다.

전 우주적인 장대한 규모의 이야기이면서도 가만히 생각해 보면 단순한, 한 가족의 이야기로 보이기도 한다. 하지만 부자의 대결에 이란성 쌍둥이 형제의 이야기까지, 이는 「스타워즈」그 자체다. 뒤쪽에서부터 작품이 완성되었다는 성립 과정까지 비슷하고 음악적으로도 비슷하다. 분명 조지 루커스는 바그너를 의식하고 영화를 제작한 것임에 틀림없어 보인다. 그러므로 「스타워즈」를 진정으로 이해하기 위해서는 바그너의 초대형 오페라 「니벨룽겐의 반지」를 알아 둘 필요가 있다.

영화와 드라마에서 익숙한 기법을 창시하다

바그너가 완수한 음악사에서의 최대 혁명이 바로 라이트 모티브의 고안과 확립이다. 유도 동기라고 번역하는데 무리하게 번역해서 외울 필요는 없다. 인물, 사상, 감정, 사건마다 그것을 표현하기 위해 정해진 멜로디가 있는데 그것이 라이트 모티브이다. 바그너는 리듬과 음의 고저를 바꾸어 가며 작곡을 했고 그런 방식으로 공연 시간이 15시간 이상 되는 오페라를 논리적으로 구축했다.

오늘날의 일반 영화는 물론이거니와 TV드라마에서도 라이트 모티브 기법이 사용되고 있다. 어느 인물이 등장할 때면 반복되어 흐르는 곡이나 슬픈 장면에서만 반복되어 흐르는 곡, 즐거운 장면에서만 반복되어 흐르는 곡이 정해져 있는 드라마가 있을 것이다. 예들 들어 영화 「바람과 함께 사라지다」의 타이틀 배경음악으로 흐르는 곡을 「타라의

테마곡」이라 부른다. 이 곡은 주인공 스칼렛이 꿋꿋하게 전쟁의 화염을 뚫고 고향 타라로 돌아갔을 때에도 흐르고, 마지막 장면에서 "타라로 돌아가자"고 결심할 때에도 흐른다. 「태양을 향해 외쳐라(일본 형사드라마)」에서는 형사들이 달리기 시작하면 어김없이 같은 곡이 흐르는데 이것도 바그너가 고안한 라이트 모티브 이론을 바탕으로 한다.

　　이 이론을 철저하게 실행에 옮긴 것이 「스타워즈」의 음악이다. 루크 스카이워커의 테마곡, 제다이 기사단의 테마곡, 다스 베이더의 테마곡 등 여러 테마곡이 있다. 「에피소드1」의 거의 마지막 장면에서는 에피소드 3부에서 "단단단단, 단단단단" 하고 저음으로 기분 나쁘게 울리던 다스 베이더의 테마 멜로디가 귀여운 소년 아니킨 스카이워커가 혼자 있는 장면에서 슬픈 곡조로 편집되어 흘렀다. 라이트 모티브를 이해하고 있다면 그 순간 "아, 저 소년이 다스 베이더가 되는구나" 하고 알게 되면 틀림없이 눈물이 흘러나왔을 것이다.

바그너는 두 나라를 멸망시켰다?

바그너는 1813년, 독일 라이프치히에서 태어났다. 아버지와 어머니 모두 음악과는 무관한 사람이었으며 바그너도 처음에는 연극에 흥미를 가졌고 다음으로는 문학에 관심을 가졌으며, 음악은 그 후에 인연을 맺게 되었다. 대학에서는 철학과 미학을 공부했지만 중퇴하고 10년에 걸쳐 방랑하며 여행을 계속하는데, 방랑하는 동안에 독학으로 작곡을 공부했다.

신동이나 천재 코스를 밟지 않고 음악의 거장이 된 사람이다. 일반적으로는 노력형 인간으로 존경받으며 청소년에게 인생의 본보기가 되었을 법한데 유명해진 뒤부터 미증유의 파멸적인 인생을 살았기 때문에 도덕적으로는 "이런 사람이 되어서는 안 된다"는 표본이 되고 말았다.

연극과 문학에서부터 시작했기 때문인지 바그너는 오페라 이외의 음악에는 관심을 보이지 않았다. 그래서 오페라 이외의 작품은 몇 곡되지 않는다. 하지만 모든 오페라는 자신이 직접 대본까지 썼다.

몇 개 작품인가 습작을 거쳐 1842년 「리엔치」의 대성공으로 인하여 바그너는 유명해졌다. 다음 해에는 「방황하는 네덜란드인」을 발표하고 오페라 작곡가로서 부동의 지위에 오른다. 또 드레스덴의 오페라 극장 지휘자의 자리에도 올랐다.

그러나 1849년, 파리의 2월 혁명에 호응했다가 혁명운동에 참가했다는 이유로 드레스덴에서 체포될 지경에 이르자 스위스로 망명한다. 그 후 할 수 없이 외국 생활을 해야 했다. 그러는 동안 작곡을 쉬고 논문을 집필하기도 하는 등 음악 면에서 이론 무장을 한다. 그러나 그런 작업은 예술적 공헌도는 높더라도 돈은 되지 않는다. 게다가 그는 낭비도 심했기 때문에 빚더미에 앉게 되었고 날마다 채권자들에게 쫓겨 다녔다.

그런 상황에서 구원의 손길을 뻗은 사람이 바이에른(현재의 독일

바이에른 주)이라는 나라의 왕 루드비히 2세였다. 두 사람의 관계는 비스콘디의 영화 「루드비히 2세」에 잘 그려져 있다. 젊은 국왕은 바그너의 음악에 매료되어 경제적 원조를 약속했다.

　　「니벨룽겐의 반지」 4부작은 국왕의 지원을 받아 1874년에 완성하였고 뮌헨 근교에 위치한 바이로이트란 곳에는 이 오페라를 상연하기 위한 극장까지 세워졌다. 지금 이 극장에서는 여름이 오면 오로지 바그너의 오페라를 상연하기 위한 바이로이트 음악제가 열린다. 가장 입장권을 구하기 힘든 음악제로도 유명하다.

　　국왕의 지원을 받고 지내던 바그너가 낭비를 일삼았기 때문에 바이에른국의 재정은 궁핍해져 간다. 그때까지는 국가가 멸망하면 궁정 쿠데타가 일어나 국왕은 유폐되고 결국에는 죽었다. 아무리 낭비벽이 있다고는 하지만 이야기가 여기에까지 이르고 보면 대단하다는 말밖에

독일의 바이로이트 극장에서 열린 「니벨룽겐의 반지」의 리허설 장면

나오지 않는다.

　　　반세기 후의 독일에 등장한 권력자도 역시나 바그너에게 심취했다. 바로 히틀러다. 히틀러의 비호 아래 바이로이트 음악제는 활기를 띠었다. 하지만 그리고 히틀러의 제3제국도 붕괴되었다. 바그너의 음악에는 국가를 멸망하게 하는 힘이 있나보다. 전후에는 나치와 관계가 있던 바이로이트 음악제는 일단 중단되지만 보란 듯이 다시 부활하였고 오늘날에도 매년 개최되고 있다.

　　　바그너를 모방하여 바이로이트와는 다른 지역에 자신의 음악제를 창설했던 사람이 카라얀이었다. 그의 출생지 찰스부르크에서는 여름에 음악제가 개최되는데 카라얀은 그것과는 별도로 봄의 부활절 시기에 바그너의 오페라를 상연할 목적으로 음악제를 창설했다. 「니벨룽겐의 반지」 4부작을 매년 한 작품씩 상연하고 지휘뿐만이 아니라 연출에도 손을 댔다. 또한 음악제에 맞춰 「니벨룽겐의 반지」를 녹음했는데 지금까지도 좋은 음반으로 사랑받고 있다. 전곡 음반을 갑자기 구입하는 것은 위험 부담이 크기 때문에 하이라이트 음반부터 듣는 것이 좋다.

　　　이 초대작은 감상할 시간을 내는 일이 최대의 관건이다. 한 작품만 해도 족히 4시간은 걸린다. 이렇게 장시간 동안 오디오 앞에 죽치고 앉아서 곡에 집중하기란 쉽지 않다. 가족이 있으면 반드시 방해를 받을 것이고 신문구독을 권유하는 사람이 방문한다거나 택배가 온다거나 할지도 모르고 우편물도 신경이 쓰일 것이다.

　　　그러므로 이 작품은 줄거리만 머리에 넣어 두고 갑자기 극장에 가서 감상하는 방법이 좋다.

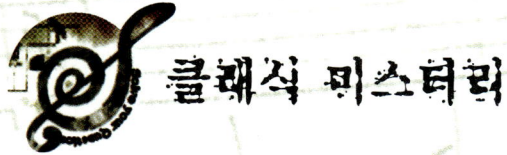
「트리스탄과 이졸데」에 담긴 바그너의 슬픈 사랑

독일의 작곡가 바그너의 대표적인 악극 가운데 하나인 「트리스탄과 이졸데」는 영국의 전설을 소재로 하고 있다. 영국 콘월의 왕 마르크의 왕비 이졸데와 그녀를 사랑하였고 사랑을 위해 목숨을 버린 기사 트리스탄을 주인공으로 하는 비련의 이야기다.

바그너가 이 이야기를 악극으로 만들려고 생각한 이유는 단순히 두 사람의 드라마틱한 이야기에 이끌렸기 때문만은 아니었던 것 같다. 이 오페라에는 자신의 체험이 반영되어 있다고 한다.

1849년, 혁명운동에 참가했다는 이유로 체포될 지경에 이른 바그너는 독일에서 스위스로 망명했다. 스위스 망명 중이던 1853년, 그는 친구의 소개로 취리히에서 오트와 마틸데라는 베젠동크 부부를 만났다. 유복한 상인이었던 베젠동크 부부는 바그너의 열광적인 팬이었다. 그래서 첫 대면 때부터 그에게 호의적이었고 경제적으로 아낌없이 지원해 주었다. 게다가 취리히 교외에 저택을 신축했을 때 근처에 있는 땅에 바그너 부부의 집까지 마련해 주었다. 다만 바그너에 대한 원조에 열심이었던 사람은 아내 마틸데였고 남편 오트는 말하자면 아내가 조르면 돈을 내놓을 뿐이었다. 바그너 부부에게 집을 마련해 주고 싶다고 말을 꺼낸 사람도 마틸데였다고 한다.

자신의 음악을 이해해 주었을 뿐만 아니라 이렇게까지 친절히 대해주니 바그너도 호감을 갖게 된다. 더구나 처음에 바그너를 만났을 때의 마틸데는 24세의 젊은 미인이기도 했다. 아내 미나와의 관계가 식어 버린 상태였던 바그너가 그녀에게 끌리는 것도 당연했을 것이다. 이리하여 바그너와 마틸데가 서로 품고 있던 감정은 언제부턴가 사랑으로 발전해 있었다. 두 사람의 관계가 어디까지 진행되었는지는 정확하지 않지만 통설에 의하면 플라토닉 사랑이었기 때문에 더 격렬하게 타오르지 않았을까 추측하고 있다.

그런 뜨거운 사랑이 한창 일 때 바그너는 작곡 중이던 오페라 「지크프리트」를 중단하고 자신의 사랑을 투영한 「트리스탄과 이졸데」를 작곡하는 데 전념했다.

그는 「트리스탄과 이졸데」를 전후하여 가곡집 「베젠동크의 5개의 가곡」도 작곡했는데 이 곡도 마틸데와의 사랑의 산물이다. 마틸데가 지은 시에 바그너가 곡을 붙인 작품이었다.

그러나 이 사랑은 아내 미나에 의해 종지부를 찍는다. 오트는 두 사람의 관계를 어렴풋이 짐작을 하면서도 조만간에 열기가 식을 것이라고 생각하고 관용적인 태도를 취했다고 한다.

반면 미나는 심하게 질투하며 베젠동크의 집으로 쳐들어갔다. 그러자 오트는 마틸데를 데리고 여행을 떠나 버렸다고 한다. 이때 바그너와 마틸데의 사랑은 허무하게 끝을 맺는다. 작곡 중이던 「트리스탄과 이졸데」가 완성된 시기는 그렇게 실연을 한 뒤였다.

바흐의 묻혀진 명곡을 부활시킨 멘델스존

수많은 바흐의 작품 가운데서도 특히 높은 평가를 받고 있는 곡이 「마태수난곡」이다. 이 곡은 클래식음악의 최고 걸작이라고도 일컬어지며 많은 사람에게 칭송을 받고 있다. 그 정도로 명곡인 「마태수난곡」이지만 실은 바흐가 죽은 뒤 사람들에게 잊혀져서 연주하는 사람도 거의 없어졌다. 그것을 멘델스존이 기적적으로 부활시켰는데 그가 없었다면 오늘날 바흐의 명성은 없었을 것이라고 할 정도이다.

그런데 왜, 한때일지언정 그런 걸작이 묻혀 버렸을까?

「마태수난곡」은 바흐가 독일 라이프치히의 성토마

상식으로 꼭 알아야 할 클래식 음악

스교회에서 합창단장으로 있을 때에 작곡한 곡으로 1727년 성금요일(부활제 이틀 전)의 기도 시간에 초연되었다. 그러나 청중의 대부분은 감동하기보다 당혹스러워했다고 한다. 그때까지의 수난곡과는 너무도 동떨어진 곡이었기 때문이다. 수난곡이란 성서에 쓰인 그리스도의 수난 이야기에 음악을 붙인 것으로 당시까지는 길어야 1시간 정도면 연주가 끝나는 곡이었다.

그런데 바흐는 후세에 유행하는 「오라토리오수난곡」이라는 형식을 처음으로 도입했다. 오라토리오는 성서의 본문을 노래하는 짬짬이 아리아(자유시의 독창)을 삽입하는 오페라와 같은 곡이기 때문에 기존의 수난곡에 비하여 길었다. 「마태수난곡」은 3시간 이상 걸리는 대곡이 되었다. 예상 외의 길이와 익숙하지 않은 음악 형식에 많은 사람들이 당황스러워한 것도 무리는 아닐지 모른다. 1750년에 바흐가 죽자 「마태수난곡」은 점차 잊혀져 어둠에 묻힌다.

그러면 멘델스존은 어떻게 이 묻혀진 명곡을 발굴하여 부활시켰을까?

여기에는 그의 할머니의 역할이 컸다고 알려져 있다. 멘델스존의 14번째 생일에 할머니가 「마태수난곡」 필사본 악보를 선물한 것이다. 기억속에 사라진 명곡이었지만 악보의 필사본은 전해지고 있었던 것이다.

마침내 성장한 멘델스존은 친구인 오페라 가수 데브리엔트와 베를린합창협회 회장으로 있던 스승 첼터의 도움을 얻어 1829년 베를린 합창협회 대극장에서 「마태수난곡」을 상연했다. 지휘를 한 사람은 갓 20살이 된 멘델스존 자신이었다.

이 부활 상연에 의해 「마태수난곡」과 바흐의 진가가 재평가되어 「마태수난곡」은 클래식의 최고봉, 바흐는 음악의 아버지라고까지 불리게 되었다. 멘델스존은 자신도 대작곡가이며 지휘자로서 활약했지만 그에 못지않게 바흐를 부활시킨 공적이 높이 평가받고 있다.

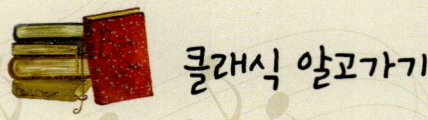

클래식 알고가기

클래식을 들을 때 기본적으로 알고 있어야 할 지식들을 살펴보자.

우리가 알고 있는 곡명은 제목일 뿐이다.

클래식음악에서 곡명이라고 하면 "교향곡 제1번 다장조" 등을 가리킨다. 잘 알려져 있는 「영웅」이나 「전원」, 「비창」 등은 곡명이 아니라 제목이나 부제라고 한다. 다수의 곡은 제목이 없다. 이런 점이 팝이나 록처럼 "노래 = 단어"라는 것이 성립해야 하는 음악과 단지 악기만으로 연주하는 클래식과의 차이점이다(클래식에도 오페라나 가곡과 같이 노래가 있는 곡도 있지만 여기서는 접어 두자).

그리고 작곡가의 의향과는 관계없이 제멋대로 붙여진 제목도 꽤 있다. 「운명」, 「미완성」 등이 그 대표적인 예이다. 확실히 제목이 있는 편이 쉽게 친숙해지고 외우기도 쉽다. 명곡으로 자리 잡은 곡은 제목이 있는 것들이 많다. 제목이 있기 때문에 명곡인지, 명곡이니까 제목이 있는 것인지는 몰라도 적어도 명곡은 문자 그대로 이름(제목)이 있는 곡이 많다.

클래식 CD를 구입하는 법

한 장의 CD에 명곡의 좋은 부분만을 각각 몇 분씩 수록한 CD가 잘나가고 있다. 그러나 그런 CD는 추천하고 싶지 않다. 그런 종류의 CD는 스포츠로 빗대어 말하자면 TV의 스포츠 뉴스와 같다. 명장면만을 편집하여 보여 주지만 뉴스를 봤다고 해서 시합을 관전했다고는 말할 수 없다. 그것과 마찬가지로 잘 알려져 있는 부분만을 들었다 해서 그 곡을 들었다고 말할 수는 없다.

신문과 잡지에서 통신판매를 통해 명곡 전집을 판매한다는 광고가 자주 눈에 띈다. "명곡을 일류 연주가의 명연주로"라는 문구가 세일즈의 핵심으로, 분명 선곡에도 심혈을 기울였다. 이런 전집의 최대 문제점은 한 번에 30장, 50장이나 하는 CD가 배달되므로 대부분의 경우 몇 장만 듣고 만다는 것이다. 역시 한 장, 한 장 CD점에 가서 구입하는 방법이 좋다.

그런데 처음으로 클래식 매장에 간 사람은 망설이는 경우가 많다.

대형 매장의 경우에 클래식 매장은 예외 없이 가장 위층에 있거나 단층인 경우에는 가장 안쪽에 있다. 이는 클래식이 위대해서가 아니라 손님이 적기 때문이다.

클래식 매장의 음반 배열에는 크게 두 종류가 있다. 하나는 먼저 교향곡, 협주곡, 피아노곡과 같이 같은 장르의 곡끼리 정리하고, 그 소분류를 작곡가 순으로 배열하는 방법이다. 또 하나는 대분류가 작곡가명 알파벳순이고 소분류가 교향곡, 협주곡, 피아노곡과 같이 같은 장르끼리 정리하여 거기에 제1번, 제2번……과 같이 배열하는 방법이다. 다만, 후자의 경우에도 오페라만은 별도의 코너에 진열해 둔다. 게다가 바로크음악 또한 별도의 코너에 분류되어 있는 경우도 있다.

이런 배열 방법은 매장 내를 쭉 둘러보면 대체로 알 수 있을 터인데, 그렇다면 문제는 CD 매장에서 목표로 하는 곡을 찾고 나서부터이다. 무엇보다 베토벤의 「운명」만 해도 큰 매장의 경우라면 50종류 이상이 진열되어 있다. 누가 연주한 CD를 사면 좋을지 고민하게 된다. "아니, 고민할 게 뭐 있어. 일단 카라얀 지휘의 CD를 사면되겠지 뭐" 하고 생각하면서 카라얀 CD를 찾았다 치자, 하지만 그것만 해도 5종류 이상이 있다. 카라얀만이 아니라 명지휘자·명연주가는 같은 곡을 몇 번이고 녹음한다. 게다가 같은 녹음 CD라도 국내음반과 수입음반이 있고, 같은 음원인데도 패키지가 다른 몇 종류가 나와 있는 경우도 있다.

국내음반과 수입음반은 록 등과 마찬가지로 수입음반이 더 싸다. 국내음반의 장점은 모국어의 해설이 달려 있다는 점뿐이다. 그런데 이것이 상당히 중요한 점이다.

영어에 절대적으로 자신이 있는 사람이 아니라면 처음에는 국내음반을 사기 바란다. 해설서에는 분명 그 명곡에 대한 최소한의 정보가 적혀 있을 것이고 그러한 자료는 쉽게 구할 수 없다. 하지만 음악 전문용어로 적혀 있기 때문에 처음에는 무슨 말인지 모르는 경우도 있다. 이는 읽어가면서 익숙해질 수밖에 없다.

CD매장에서 같은 연주자의 같은 곡의 CD가 여러 개 있는 경우에는 녹음 연도를 살펴본다. 예외는 있겠지만 기본적으로 최근에 녹음한 CD가 가격이 비싸다. 1970년대 이후의 것이라면 녹음 기술에 의한 음질의 차는 그다지 없으므로 오래된 CD를 사더라도 감상하는 데 지장은 없다. 일반적으로 젊었을 때의 연주(즉 오래된 CD)는 싱싱한 감성이 뒷받침되어 에너지가 폭발하고 용솟음치는 정열의 명연주라고 평가받고 있다.

신구 어느 쪽이 좋은가는 결국에는 취향의 문제이지만, 연주의 차이를 구별할 수 있으려면 상당한 세월이 필요하므로 처음에는 싼 음반으로도 충분하다고 말하고 싶지만 해설서는 새로운 음반 쪽이 상세히 적혀 있는 경우가 많다. 다시 말해 그냥 듣기만 하려면 가격이 싼, 오래된 녹음 CD를 선택하기 바란다. 해당 곡과 연주자의 정보를 얻고 싶은 때에는 새 녹음 CD를 사는 것이 좋다.

오페라 감상법

친구에게 이 책을 집필하고 있다는 사실을 이야기했더니 바로 다음과 같은 질문이 돌아왔다. "오페라를 감상하는 방법에는 CD, DVD, 국내의 극장, 해외의 극장을 통해 감상하는 방법이 있을 텐데, 각각 얼마나 감동의 차이가 있을까?" 친구는 클래식에 전혀 취미가 없고 오페라 또한 한 번도 관람한 적이 없다. 이런 사람에게는 교향곡을 감상할 때도 CD가 좋은지, 국내 오케스트라의 연주를 직접 듣는 것이 좋은지 선택해야 하는 문제가 있다. 여러 방법이 있기 때문에 어떤 방법을 선택할지 하는 주제만으로도 책 한 권이 나올 터이지만, 매우 단순하게 야구를 예로 들어 답하려 한다.

CD는 야구의 라디오 중계와 같다. 규칙(줄거리)과 선수(연기하는 가수)와 감독(지휘자)에 대한 사전 지식이 있고 집중해서 들으면 경기가 어떻게 전개되어 가는지(어떤 연주인지)는 충분히 이해할 수 있고 즐길 수 있다. DVD는 TV중계다. 규칙(줄거리)은 잘 모르더라도 선수의 움직임(가창과 연기)만 봐도 모종의 감동을 맛볼 수 있다. 다시 말해서 오페라를 CD로 들을 때는 예습을 하지 않으면 전혀 알 수가 없다. DVD는 어딘지 모르게 보기만 해도 분위기는 맛볼 수 있다.

극장에서 직접 관람하는 것은 야구장에 가는 것에 비유할 수 있다. 현장감이 전혀 다르다. 이것은 스포츠나 연극, 오페라, 콘서트 모두 똑같다. 그리고 오페라의 본고장, 이탈리아와 독일에 가서 보는 것은 미국에 가서 빅 리그를 관람하는 것과 같다. 즉 내국인이 공연하는 오페라와 본고장의 오페라와의 차이는(오케스트라의 차이도) 국내 프로야구와 빅 리그 정도의 차이가 있다(일설에 의하면 고교야구와 빅 리그의 차이).

그래서 우수한 가수와 지휘자는 모두 해외에서 활약한다.

지금은 해외에 가지 않아도 빈이나 밀라노 오페라극장의 가수, 오케스트라, 지휘자, 무대장치를 모두 옮겨와서 국내에서 공연을 하기도 하는데 이는 빅 리그가 국내에서 공식전을 가지는 것과 마찬가지라 하겠다.

친구의 또 한 가지 질문은 "예습이 필요할까?"였다.

오페라의 경우 "관객은 어떤 이야기인지 알고 있다"는 전제하에서 상연된다. 그러니까 이야기의 배경이나 인물의 관계는 극중에서 그다지 설명하지 않는다. "어떤 내용의 이야기일까?"가 아니라, "그 이야기를 어떻게 연기하고 있는가, 즉 어떻게 노래하고 있는가"

가 감상 포인트이다. "오페라는 어찌됐든 보기만 해도 감동이라니까 줄거리 같은 것은 공부 안 해도 괜찮아"라고 충고하는 사람이 있는데 그것은 초보자에게 설명하는 것이 귀찮아서 그렇게 말하는 것뿐이다.

확실하게 예습을 해야만 비싼 티켓 값이 아깝지 않다. 규칙(줄거리), 선수(가수), 감독(지휘자), 거기에 그날의 시합이 우승을 결정하는 중요한 시합인지 아닌지 상황도 모르면서 야구를 보러 야구장에 직접 간다 한들 진정한 재미를 모르는 것과 같다.

지휘자의 역할

클래식음악을 듣기 시작하면 가장 먼저 의문스럽게 여기는 것이 지휘자의 존재이다. 콘서트 중계방송을 봐도 단원은 모두 악보를 보느라 바빠서 지휘자는 쳐다보지도 않는 것 같다.

거기다 지휘봉을 휘젓기만 할 뿐인데 정말로 지휘자의 의도대로 오케스트라가 연주하고 있는 것일까? 그리고 자기가 직접 연주하지 않았는데도 갈채를 독점하기까지 하는데 정말로 지휘자 덕분에 훌륭한 연주가 탄생하는 것일까?

이러한 부분에 대해서 자세히 설명하자면 이야기가 길어지므로 결론만 말하면 지휘자 없이는 오늘날의 대형 오케스트라는 연주가 불가능하다. 그리고 단원들이 지휘자를 보고 있지 않는 것처럼 보이지만 분명히 보고 있다.

지휘자가 그 곡을 어떻게 해석하느냐는 연습 때 단원들에게 충분히 전달하고 그 이미지를 공유한 상태에서 연주에 임하고 있는 것이다.

상식으로 꼭 알아야 할

클래식 50

2판 4쇄 발행   2019년 9월 25일

지 은 이 ｜ 나카가와 유스케
옮 긴 이 ｜ 박시진

발 행 인 ｜ 신재석
발 행 처 ｜ (주)삼양미디어
등록번호 ｜ 제10-2285호
주   소 ｜ 서울시 마포구 양화로 6길 9-28
전   화 ｜ 02 335 3030
팩   스 ｜ 02 335 2070
홈페이지 ｜ **www.samyang𝓶.com**

ISBN ｜ 978-89-5897-164-1 (03300)